Heinrich Schliemann
Heinrich Schliemann: Selbstbiographie

SEVERUS Verlag

Schliemann, Heinrich: Heinrich Schliemann. Heinrich Schliemann: Selbstbiographie. Bis zu seinem Tode vervollständigt. Mit einem Nachwort von Ernst Meyer, 38 Abbildungen und 2 Karten. 2015
Neuauflage der Ausgabe von 1891
ISBN: 978-3-95801-107-6

Umschlaggestaltung: SEVERUS Verlag

Bibliografische Information der Deutschen Nationalbibliothek: Die Deutsche Nationalbibliothek verzeichnet diese Publikation in der Deutschen Nationalbibliografie; detaillierte bibliografische Daten sind im Internet über https://dnb.de abrufbar.

Der SEVERUS Verlag ist ein Imprint der Bedey & Thoms Media GmbH,
Hermannstal 119k, 22119 Hamburg

SEVERUS Verlag, 2015
http://www.severus-verlag.de
Gedruckt in Deutschland

Heinrich Schliemann

Heinrich Schliemann: Selbstbiographie

Bis zu seinem Tode vervollständigt. Mit einem Nachwort von Ernst Meyer, 38 Abbildungen und 2 Karten

Vorwort zur ersten Auflage

Als wenige Wochen nach dem Tode meines unvergeßlichen Mannes Herr F. A. Brockhaus mir den Wunsch äußerte, die im Buche »Ilios« enthaltene Selbstbiographie zugänglicher als bisher zu machen, glaubte ich diesen Plan nicht von der Hand weisen zu sollen, schon um der Teilnahme zu danken, welche der Lebensgang und das Lebenswerk Heinrich Schliemanns und nun sein jähes Ende allerorten und weit über die Kreise seiner Fachgenossen und Freunde hinaus erregt hat. Es war mir eine wehmütige Freude, in schweren Stunden in die Erinnerung zurückzurufen, wie wir miteinander tastend in Troja und Mykenä das Werk begannen und wie unserm Bemühen der Erfolg günstig war. Aber es gibt Zeiten, wo die Feder versagt. Darum übertrug ich die Ausführung des Planes des Herrn Brockhaus Herrn Dr. Alfred Brückner, der bei einem Aufenthalte in Troja im vergangenen Jahre meinem Manne nahegetreten war. Von ihm rührt die Vervollständigung der Selbstbiographie her.

Athen, 23. September 1891

Sophie Schliemann

1. Kindheit und kaufmännische Laufbahn

(1822–1866)

Ankershagen – Sagen von Ankershagen – Herkulanum und Pompeji – Troja – Minna Meincke – Peter Hüppert – Schul- und Lehrlingsjahre – Schiffsjunge auf der Brigg Dorothea – Laufbursche in Amsterdam – Studium moderner Sprachen – Agentur in Petersburg – Brand in Memel – Studium des Griechischen – Reise nach dem Orient – Reise um die Erde

Wenn ich dieses Werk – so leitet Heinrich Schliemann sein Buch »Ilios« ein – mit einer Geschichte des eignen Lebens beginne, so ist es nicht Eitelkeit, die dazu mich veranlaßt, wohl aber der Wunsch, klar darzulegen, daß die ganze Arbeit meines spätern Lebens durch die Eindrücke meiner frühesten Kindheit bestimmt worden, ja, daß sie die notwendige Folge derselben gewesen ist; wurden doch, sozusagen, Hacke und Schaufel für die Ausgrabung Trojas und der Königsgräber von Mykenä schon in dem kleinen deutschen Dorfe geschmiedet und geschärft, in dem ich acht Jahre meiner ersten Jugend verbrachte. So erscheint es mir auch nicht überflüssig, zu erzählen, wie ich allmählich in den Besitz der Mittel gelangt bin, vermöge deren ich im Herbste des Lebens die großen Pläne ausführen konnte, die ich als armer, kleiner Knabe entworfen hatte. Ich wurde am 6. Januar 1822 in dem Städtchen Neu-Buckow in Mecklenburg-Schwerin geboren, wo mein Vater, Ernst Schliemann, protestantischer Prediger war und von wo er im Jahre 1823 in derselben Eigenschaft an die Pfarre von Ankershagen, einem in demselben Großherzogtum zwischen Waren und Penzlin belegenen Dorfe, berufen wurde. In diesem Dorfe verbrachte ich die acht folgenden Jahre meines Lebens, und die in meiner Natur begründete Neigung für alles Geheimnisvolle und Wunderbare wurde durch die Wunder, welche jener

Ort enthielt, zu einer wahren Leidenschaft entflammt. In unserm Gartenhause sollte der Geist von meines Vaters Vorgänger, dem Pastor von Rußdorf, »umgehen«; und dicht hinter unserm Garten befand sich ein kleiner Teich, das sogenannte »Silberschälchen«, dem um Mitternacht eine gespenstische Jungfrau, die eine silberne Schale trug, entsteigen sollte. Außerdem hatte das Dorf einen kleinen, von einem Graben umzogenen Hügel aufzuweisen, wahrscheinlich ein Grab aus heidnischer Vorzeit, ein sogenanntes Hünengrab, in dem der Sage nach ein alter Raubritter sein Lieblingskind in einer goldenen Wiege begraben hatte. Ungeheure Schätze aber sollten neben den Ruinen eines alten runden Turmes in dem Garten des Guteigentümers verborgen liegen; mein Glaube an das Vorhandensein aller dieser Schätze war so fest, daß ich jedesmal, wenn ich meinen Vater über seine Geldverlegenheiten klagen hörte, verwundert fragte, weshalb er denn nicht die silberne Schale oder die goldene Wiege ausgraben und sich dadurch reich machen wollte? Auch ein altes mittelalterliches Schloß befand sich in Ankershagen, mit geheimen Gängen in seinen sechs Fuß starken Mauern und einem unterirdischen Wege, der eine starke deutsche Meile lang sein und unter dem tiefen See bei Speck durchführen sollte; es hieß, furchtbare Gespenster gingen da um, und alle Dorfleute sprachen nur mit Zittern von diesen Schrecknissen. Einer alten Sage nach war das Schloß einst von einem Raubritter, namens Henning von Holstein, bewohnt worden, der, im Volke »Henning Bradenkirl« genannt, weit und breit im Lande gefürchtet wurde, da er, wo er nur konnte, zu rauben und zu plündern pflegte. So verdroß es ihn denn auch nicht wenig, daß der Herzog von Mecklenburg manchen Kaufmann, der an seinem Schlosse vorbeiziehen mußte, durch einen Geleitsbrief gegen seine Vergewaltigungen schützte, und um dafür an dem Herzog Rache nehmen zu können, lud er ihn einst mit heuchlerischer Demut auf sein Schloß zu Gaste. Der Herzog nahm die Einladung an und machte sich an dem bestimmten Tage mit einem großen Gefolge auf den Weg. Des Ritters Kuhhirte jedoch, der von seines Herrn Absicht, den Gast zu ermorden, Kunde erlangt halte, verbarg sich in dem Gebüsch am Wege, erwartete hier hinter einem, etwa eine Viertelmeile von unsern, Hause gelegenen Hügel den Herzog und verriet demselben Hennings verbrecherischen Plan. Der Herzog kehrte augenblicklich um. Von diesem Ereignis sollte der Hügel seinen jetzigen Namen »der Wartensberg« erhalten haben. Als aber der Ritter entdeckte, daß der Kuhhirte seine Pläne durchkreuzt hatte, ließ er den Mann bei lebendigem Leibe langsam in einer großen eisernen Pfanne braten und gab dem Unglücklichen, erzählt die Sage weiter, als er in Todesqualen sich wand, noch einen letzten grausamen Stoß mit dem linken Fuße. Bald danach kam der Herzog mit einem Regiment Soldaten, belagerte und stürmte das Schloß, und als Ritter Henning sah, daß an kein Entkommen mehr für ihn zu denken sei, packte er alle seine Schätze in einen großen Kasten und vergrub denselben dicht neben dem runden Turme in seinem Garten, dessen Ruinen heute noch zu sehen sind. Dann gab er sich selbst den Tod. Eine lange Reihe flacher Steine auf unserm Kirchhofe sollte des Missetäters Grab bezeichnen, aus dem jahrhundertelang sein linkes, mit einem schwarzen Seidenstrumpfe bekleidetes Bein immer wieder herausgewachsen war. Sowohl der Küster Prange als auch der Totengräber Wöllert beschworen hoch und teuer, daß sie als Knaben selbst das Bein abgeschnitten und mit dem Knochen Birnen von den Bäumen abgeschlagen hätten, daß aber im Anfange dieses Jahrhunderts das Bein plötzlich zu wachsen aufgehört habe. Natürlich glaubte ich auch all dies in kindlicher Einfalt, ja bat sogar oft genug meinen Vater, daß er das Grab selber öffnen oder auch mir nur erlauben möge, dies zu tun, um endlich sehen zu können, warum das Bein nicht mehr herauswachsen wolle.

Einen ungemein tiefen Eindruck auf mein empfängliches Gemüt machte auch ein Tonrelief an einer der Hintermauern des Schlosses, das einen Mann darstellte und nach dem Volksglauben das Bildnis des Henning Bradenkirl war. Keine Farbe wollte auf demselben haften, und so hieß es denn, daß es mit dem Blute des Kuhhirten bedeckt sei, das nicht weggetilgt werden könne. Ein vermauerter Kamin im Saale wurde als die Stelle bezeichnet, wo der Kuhhirte in der eisernen Pfanne gebraten worden war. Trotz aller Bemühungen, die Fugen dieses schrecklichen Kamins verschwinden zu machen, sollten dieselben stets sichtbar geblieben sein – und auch hierin wurde ein Zeichen des Himmels gesehen, daß die teuflische Tat niemals vergessen werden sollte. Noch einem andern Märchen schenkte ich damals unbedenklich Glauben, wonach Herr von Gundlach, der Besitzer des benachbarten Gutes Rumshagen, einen Hügel neben der Dorfkirche aufgegraben und darin große hölzerne Fässer, die sehr starkes altrömisches Bier enthielten, vorgefunden hatte.

Obgleich mein Vater weder Philologe noch Archäologe war, hatte er ein leidenschaftliches Interesse für die Geschichte des Altertums; oft erzählte er mir mit warmer Begeisterung von dem tragischen Untergange von Herkulanum und Pompeji und schien denjenigen für den glücklichsten Menschen zu halten, der Mittel und Zeit genug hätte, die Ausgrabungen, die dort vorgenommen wurden, zu besuchen. Oft auch erzählte er mir bewundernd die Taten der Homerischen Helden und die Ereignisse des Trojanischen Krieges, und stets fand er dann in mir einen eifrigen Verfechter der Sache Trojas. Mit Betrübnis vernahm ich von ihm, daß Troja so gänzlich zerstört worden, daß es ohne eine Spur zu hinterlassen vom Erdboden verschwunden sei. Aber als er mir, dem damals beinahe achtjährigen Knaben, zum Weihnachtsfeste 1829 Dr. Georg Ludwig Jerrers »Weltgeschichte für Kinder« schenkte, und ich in dem Buche eine Abbildung des brennenden Troja fand, mit seinen ungeheuern Mauern und dem Skäischen Tore, dem fliehenden Äneas, der den Vater Anchises auf dem Rücken trägt und den kleinen Askanios an der Hand führt, da rief ich voller Freude: »Vater, du hast dich geirrt! Jerrer muß Troja gesehen haben, er hätte es ja sonst hier nicht abbilden können.« »Mein Sohn«, antwortete er, »das ist nur ein erfundenes Bild.« Aber auf meine Frage, ob denn das alte Troja einst wirklich so starke Mauern gehabt habe, wie sie auf jenem Bilde dargestellt waren, bejahte er dies. »Vater«, sagte ich darauf, »wenn solche Mauern einmal dagewesen sind, so können sie nicht ganz vernichtet sein, sondern sind wohl unter dem Staub und Schutt von Jahrhunderten verborgen.« Nun behauptete er wohl das Gegenteil, aber ich blieb fest bei meiner Ansicht, und endlich kamen wir überein, daß ich dereinst Troja ausgraben sollte.

Wes das Herz voll ist, sei es nun Freude oder Schmerz, des

geht der Mund über, und eines Kindes Mund vorzugsweise: so geschah es denn, daß ich meinen Spielkameraden bald von nichts anderm mehr erzählte, als von Troja und den geheimnisvollen wunderbaren Dingen, deren es in unserm Dorfe eine solche Fülle gab. Sie verlachten mich alle miteinander, bis auf zwei junge Mädchen, Luise und Minna Meincke, die Töchter eines Gutspächters in Zahren, einem etwa eine Viertelmeile von Ankershagen entfernten Dorfe; die erstere war sechs Jahr älter, die zweite aber ebenso alt wie ich. Sie dachten nicht daran, mich zu verspotten: im Gegenteil! stets lauschten sie mit gespannter Aufmerksamkeit meinen wunderbaren Erzählungen. Minna war es vorzugsweise, die das größte Verständnis für mich zeigte, und die bereitwillig und eifrig auf alle meine gewaltigen Zukunftspläne einging. So wuchs eine warme Zuneigung zwischen uns auf, und in kindlicher Einfalt gelobten wir uns bald ewige Liebe und Treue. Im Winter 1829/30 vereinte uns ein gemeinsamer Tanzunterricht abwechselnd in dem Hause meiner kleinen Braut, in unserer Pfarrwohnung oder in dem alten Spukschlosse, das damals von dem Gutspächter Heldt bewohnt wurde, und in dem wir mit lebhaftem Interesse Hennings blutiges Steinbildnis, die verhängnisvollen Fugen des schrecklichen Kamins, die geheimen Gänge in den Mauern und den Zugang zu dem unterirdischen Wege betrachteten. Fand die Tanzstunde in unserm Hause statt, so gingen wir wohl auf den Kirchhof vor unserer Tür, um zu sehen, ob noch immer Hennings Fuß nicht wieder aus der Erde wüchse, oder wir staunten mit ehrfürchtiger Bewunderung die alten Kirchenbücher an, die von der Hand Johann Christians und Gottfriederich Heinrichs von Schröder (Vater und Sohn) geschrieben worden waren, die vom Jahre 1709–1799 als meines Vaters Amtsvorgänger gewirkt hatten; die ältesten Geburts-, Ehe- und Totenlisten hatten für uns einen ganz besonderen Reiz. Manchmal auch besuchten wir des jüngern Pastors von Schröder Tochter, die, damals vierundachtzig Jahr alt, dicht neben unserm Hause wohnte, um sie über die Vergangenheit des Dorfes zu befragen oder die Porträts ihrer Vorfahren zu betrachten, von denen dasjenige ihrer Mutter, der im Jahre 1795 verstorbenen Olgartha Christine von Schröder, uns vor allen andern anzog; einmal, weil es uns als ein

Meisterwerk der Kunst erschien, dann aber auch, weil es eine gewisse Ähnlichkeit mit Minna zeigte.

Nicht selten statteten wir dann auch dem Dorfschneider Wöllert, der einäugig war, nur ein Bein hatte und deshalb allgemein »Peter Hüppert« genannt wurde, einen Besuch ab. Er war ohne jegliche Bildung, hatte aber ein so wunderbares Gedächtnis, daß er, wenn er meinen Vater predigen gehört hatte, die ganze Rede Wort für Wort wiederholen konnte. Dieser Mann, der, wenn ihm der Weg zu Schul- und Universitätsbildung offengestanden hätte, ohne Zweifel ein bedeutender Gelehrter geworden wäre, war voll Witz und regte unsere Wißbegier im höchsten Maße durch seinen unerschöpflichen Vorrat von Anekdoten an, die er mit bewundernswertem oratorischen Geschick zu erzählen verstand. Ich gebe hier nur eine derselben wieder: so erzählte er uns, daß, da er immer gewünscht habe, zu erfahren, wohin die Störche im Winter zögen, er einmal noch bei Lebzeiten des Vorgängers meines Vaters, des Pastors von Rußdorf, einen der Störche, die auf unserer Scheune zu bauen pflegten, eingefangen und ihm ein Stück Pergament an den Fuß gebunden habe, auf welches der Küster Prange seinem Wunsche gemäß niedergeschrieben hatte, daß er, der Küster, und Wöllert, der Schneider des Dorfes Ankershagen in Mecklenburg-Schwerin, hierdurch den Eigentümer des Hauses, auf dem der Storch sein Nest im Winter habe, freundlich ersuchten, ihnen den Namen seines Landes mitzuteilen. Als er im nächsten Frühjahr den Storch wieder einfing, fand sich ein anderes Stück Pergament an dem Fuße des Vogels befestigt mit folgender in schlechten deutschen Versen abgefaßten Antwort:

Schwerin Mecklenburg ist uns nicht bekannt,
Das Land, wo sich der Storch befand,
Nennt sich Sankt-Johannes-Land.

Natürlich glaubten wir dies alles, und würden gern Jahre unseres Lebens darum gegeben haben, nur um zu erfahren, wo das geheimnisvolle Sankt-Johannes-Land sich befände. Wenn diese und ähnliche Anekdoten unsere Kenntnis der Geographie auch nicht gerade bereichern konnten, so regten sie wenigstens den

Wunsch in uns an, dieselbe zu lernen, und erhöhten noch unsere Leidenschaft für alles Geheimnisvolle.

Von dem Tanzunterricht hatten weder Minna noch ich den geringsten Nutzen, wir lernten beide nichts: sei es nun, daß uns die natürliche Anlage für diese Kunst fehlte, oder daß wir durch unsere wichtigen archäologischen Studien und unsere Zukunftspläne zu sehr in Anspruch genommen wurden.

Es stand zwischen uns schon fest, daß wir, sobald wir erwachsen wären, uns heiraten würden, und daß wir dann unverzüglich alle Geheimnisse von Ankershagen erforschen, die goldene Wiege, die silberne Schale, Hennings ungeheure Schätze und sein Grab, zuletzt aber die Stadt Troja ausgraben wollten; nichts Schöneres konnten wir uns vorstellen, als so unser ganzes Leben mit dem Suchen nach den Resten der Vergangenheit zuzubringen.

Gott sei es gedankt, daß mich der feste Glaube an das Vorhandensein jenes Troja in allen Wechselfällen meiner ereignisreichen Laufbahn nie verlassen hat! – aber erst im Herbste meines Lebens und dann auch ohne Minna – und weit, weit von ihr entfernt – sollte ich unsere Kinderträume von vor fünfzig Jahren ausführen dürfen.

Mein Vater konnte nicht griechisch, aber er war im Lateinischen gut bewandert und benutzte jeden freien Augenblick, auch mich darin zu unterrichten. Als ich kaum neun Jahre alt war, starb meine geliebte Mutter: es war dies ein unersetzlicher Verlust und wohl das größte Unglück, das mich und meine sechs Geschwister treffen konnte.

Meiner Mutter Tod fiel noch mit einem andern schweren Mißgeschick zusammen, infolgedessen alle unsere Bekannten uns plötzlich den Rücken wandten und den Verkehr mit uns aufgaben. Ich grämte mich nicht sehr um die übrigen: aber, daß ich die Familie Meincke nicht mehr sehen, daß ich mich ganz von Minna trennen, sie nie wiedersehen sollte – das war mir tausendmal schmerzlicher als meiner Mutter Tod, den ich dann auch bald in dem überwältigenden Kummer um Minnas Verlust vergaß. In Tränen gebadet stand ich täglich stundenlang allein vor dem Bilde Olgarthas von Schröder und gedachte voll Trauer der glücklichen Tage, die ich in Minnas Gesellschaft verlebt halte. Die ganze Zukunft erschien mir finster und trübe, alle geheimnisvollen Wunder von Ankershagen, ja Troja selbst hatte eine Zeitlang keinen Reiz mehr für mich. Mein Vater, dem meine tiefe Niedergeschlagenheit nicht entging, schickte mich nun auf zwei Jahre zu seinem Bruder, dem Prediger Friedrich Schliemann, der die Pfarre des Dorfes Kalkhorst in Mecklenburg innehatte. Hier wurde mir ein Jahr lang das Glück zuteil, den Kandidaten Carl Andres aus Neustrelitz zum Lehrer zu haben; unter der Leitung dieses vortrefflichen Philologen machte ich so bedeutende Fortschritte, daß ich schon zu Weihnachten 1832 meinem Vater einen, wenn auch nicht korrekten, lateinischen Aufsatz über die Hauptereignisse des Trojanischen Krieges und die Abenteuer des Odysseus und Agamemnon als Geschenk überreichen konnte. Im Alter von elf Jahren kam ich auf das Gymnasium von Neustrelitz, wo ich nach Tertia gesetzt wurde. Aber gerade zu jener Zeit traf unsere Familie ein sehr schweres Unglück, und da ich fürchtete, daß meines Vaters Mittel nicht ausreichen würden, um mich noch eine Reihe von Jahren auf dem Gymnasium und dann auf der Universität zu unterhalten, verließ ich ersteres nach drei Monaten schon wieder, um in die Realschule der Stadt überzugehen, wo ich sogleich in die zweite Klasse aufgenommen wurde. Zu Ostern 1835 in die erste Klasse versetzt, verließ ich im Frühjahr 1836 im Alter von vierzehn Jahren die Anstalt, um in dem Städtchen Fürstenberg in Mecklenburg-Strelitz als Lehrling in den kleinen Krämerladen von Ernst Ludwig Holtz einzutreten.

Einige Tage vor meiner Abreise von Neustrelitz, am Karfreitag 1836, traf ich in dem Hause des Hofmusikus C. E. Laue zufällig mit Minna Meincke zusammen, die ich seit mehr denn fünf Jahren nicht gesehen hatte. Nie werde ich dieses, das letzte Zusammentreffen, das uns überhaupt werden sollte, je vergessen! Sie war jetzt vierzehn Jahre alt und, seitdem ich sie zuletzt gesehen, sehr gewachsen. Sie war einfach schwarz gekleidet, und gerade diese Einfachheit ihrer Kleidung schien ihre bestrickende Schönheit noch zu erhöhen. Als wir einander in die Augen sahen, brachen wir beide in einen Strom von Tränen aus und fielen, keines Wortes mächtig, einander in die Arme. Mehrmals versuchten wir zu sprechen, aber unsere Aufregung war zu groß; wir konnten kein

Wort hervorbringen. Bald jedoch traten Minnas Eltern in das Zimmer, und so mußten wir uns trennen – aber es währte eine geraume Zeit, ehe ich mich von meiner Aufregung wieder erholt hatte. Jetzt war ich sicher, daß Minna mich noch liebte, und dieser Gedanke feuerte meinen Ehrgeiz an: von jenem Augenblick an fühlte ich eine grenzenlose Energie und das feste Vertrauen in mir, daß ich durch unermüdlichen Eifer in der Welt vorwärtskommen und mich Minnas würdig zeigen werde. Das einzige, was ich damals von Gott erflehte, war, daß sie nicht heiraten möchte, bevor ich mir eine unabhängige Stellung errungen haben würde.

Fünfundeinhalbes Jahr diente ich in dem kleinen Krämerladen in Fürstenberg: das erste Jahr bei Herrn Holtz und später bei seinem Nachfolger, dem trefflichen Herrn Theodor Hückstädt. Meine Tätigkeit bestand in dem Einzelverkauf von Heringen, Butter, Kartoffelbranntwein, Milch, Salz, Kaffee, Zucker, Öl, Talglichtern usw., in dem Mahlen der Kartoffeln für die Brennerei, in dem Ausfegen des Ladens und ähnlichen Dingen. Unser Geschäft war so unbedeutend, daß unser ganzer Absatz jährlich kaum 3000 Taler betrug; hielten wir es doch für ein ganz besonderes Glück, wenn wir einmal im Laufe eines Tages für zehn bis fünfzehn Taler Materialwaren verkauften. Natürlich kam ich hierbei nur mit den untersten Schichten der Gesellschaft in Berührung. Von 5 Uhr morgens bis 11 Uhr abends war ich in dieser Weise beschäftigt, und mir blieb kein freier Augenblick zum Studieren. Überdies vergaß ich das wenige, was ich in meiner Kindheit gelernt hatte, nur zu schnell, aber die Liebe zur Wissenschaft verlor ich trotzdem nicht – verlor ich sie doch niemals –, und so wird mir auch, solange ich lebe, jener Abend unvergeßlich bleiben, an dem ein betrunkener Müller, Hermann Niederhöffer, in unsern Laden kam. Er war der Sohn eines protestantischen Predigers in Röbel (Mecklenburg) und hatte seine Studien auf dem Gymnasium von Neuruppin beinahe vollendet, als er wegen schlechten Betragens aus der Anstalt verwiesen wurde. Sein Vater übergab ihn dem Müller Dettmann in Güstrow als Lehrling; hier blieb er zwei Jahre und wanderte danach als Müllergesell. Mit seinem Schicksal unzufrieden, hatte der junge Mann leider schon bald sich dem Trunke ergeben, dabei jedoch seinen Homer nicht vergessen; denn an dem obenerwähnten Abend rezitierte er uns nicht weniger als hundert Verse dieses Dichters und skandierte sie mit vollem Pathos. Obgleich ich kein Wort davon verstand, machte doch die melodische Sprache den tiefsten Eindruck auf mich, und heiße Tränen entlockte sie mir über mein unglückliches Geschick. Dreimal mußte er mir die göttlichen Verse wiederholen, und ich bezahlte ihn dafür mit drei Gläsern Branntwein, für die ich die wenigen Pfennige, die gerade mein ganzes Vermögen ausmachten, gern hingab. Von jenem Augenblick an hörte ich nicht auf, Gott zu bitten, daß er in seiner Gnade mir das Glück gewähren möge, einmal Griechisch lernen zu dürfen.

Doch schien sich mir nirgends ein Ausweg aus der traurigen und niedrigen Stellung eröffnen zu wollen, bis ich plötzlich wie durch ein Wunder aus derselben befreit wurde. Durch Aufheben eines zu schweren Fasses zog ich mir eine Verletzung der Brust zu – ich warf Blut aus und war nicht mehr imstande, meine Arbeit zu verrichten. In meiner Verzweiflung ging ich zu Fuß nach Hamburg, wo es mir auch gelang, eine Anstellung mit einem jährlichen Gehalt von 180 Mark zu erhalten. Da ich aber wegen meines Blutspeiens und der heftigen Brustschmerzen keine schwere Arbeit tun konnte, fanden mich meine Prinzipale bald nutzlos, und so verlor ich jede Stellung wieder, wenn ich sie kaum acht Tage innegehabt hatte. Ich sah wohl ein, daß ich einen derartigen Dienst nicht mehr versehen konnte, und von der Not gezwungen, mir durch irgendwelche, wenn auch die niedrigste Arbeit mein tägliches Brot zu verdienen, versuchte ich es, eine Stelle an Bord eines Schiffes zu erhalten; auf die Empfehlung des gutherzigen Schiffsmaklers J. F. Wendt hin, der mit meiner verstorbenen Mutter aufgewachsen war, glückte es mir, als Kajütenjunge an Bord der kleinen Brigg »Dorothea« angenommen zu werden; das Schiff war nach La Guaira in Venezuela bestimmt.

Ich war immer schon arm gewesen, aber doch noch nie so gänzlich mittellos wie gerade zu jener Zeit: mußte ich doch meinen einzigen Rock verkaufen, um mir eine wollene Decke anschaffen zu können! Am 28. November 1841 verließen wir Hamburg mit gutem Winde; nach wenigen Stunden jedoch schlug derselbe um, und wir mußten drei volle Tage in der Elbe unweit Blankenese liegenbleiben. Erst am 1. Dezember trat wieder günstiger Wind ein: wir passierten Cuxhaven und kamen in die offene See, waren aber kaum auf der Höhe von Helgoland angelangt, als der Wind wieder nach Westen umsprang und bis zum 12. Dezember fortdauernd westlich blieb. Wir lavierten unaufhörlich, kamen aber wenig oder gar nicht vorwärts, bis wir in der Nacht vom 11. zum 12. Dezember bei einem furchtbaren Sturme auf der Höhe der Insel Texel an der Bank, die den Namen »de Eilandsche Grond« führt, Schiffbruch litten. Nach zahllosen Gefahren und nachdem wir neun Stunden lang in einem sehr kleinen offenen Boote von der Wut des Windes und der Wellen umhergetrieben waren, wurde unsere ganze aus neun Personen bestehende Mannschaft doch schließlich gerettet. Mit größtem Danke gegen Gott werde ich stets des freudigen Augenblickes gedenken, da unser Boot von der Brandung auf eine Sandbank unweit der Küste von Texel geschleudert wurde, und nun alle Gefahr endlich vorüber war. Welche Küste es war, an die wir geworfen worden, wußte ich nicht – wohl aber, daß wir uns in einem »fremden Lande« befanden. Mir war, als flüsterte mir eine Stimme dort auf der Sandbank zu, daß jetzt die Flut in meinen irdischen Angelegenheiten eingetreten sei, und daß ich ihren Strom benutzen müsse. Und noch derselbe Tag bestätigte mir diesen frohen Glauben; denn während der Kapitän und meine Gefährten ihren ganzen Besitz bei dem Schiffbruch eingebüßt hatten, wurde mein kleiner Koffer, der einige Hemden und Strümpfe sowie mein Taschenbuch und einige mir von Herrn Wendt verschaffte Empfehlungsbriefe nach La Guaira enthielt, unversehrt auf dem Meere schwimmend gefunden und herausgezogen. Von den Konsuln Sonderdorp und Ram wurden wir in Texel auf das freundlichste aufgenommen, aber als dieselben mir den Vorschlag machten, mich mit der übrigen Mannschaft nach Hamburg zurückzuschicken, lehnte ich es entschieden ab, wieder nach Deutschland zu gehen, wo ich so namenlos unglücklich gewesen war, und erklärte ihnen, daß ich es für meine Bestimmung hielte, in Holland zu bleiben, und daß ich die Absicht hätte, nach Amsterdam zu gehen, um mich als Soldat anwerben zu lassen; denn ich war ja vollständig mittellos und sah für den Augenblick wenigstens keine andere Möglichkeit vor mir, meinen Unterhalt zu erwerben. So bezahlten denn die Konsuln, auf mein dringendes Bitten, zwei Gulden für meine Überfahrt nach Amsterdam. Da der Wind jetzt ganz nach Süden herumgegangen war, mußte das kleine Schiff, auf welchem ich befördert wurde, einen Tag in der Stadt Enkhuizen verweilen, und so brauchten wir nicht weniger als drei Tage, um die holländische Hauptstadt zu erreichen. Infolge meiner mangelhaften und ganz unzureichenden Kleidung hatte ich auf der Überfahrt sehr zu leiden, und auch in Amsterdam wollte das Glück mir zuerst nicht lächeln. Der Winter hatte begonnen, ich hatte keinen Rock und litt furchtbar unter der Kälte. Meine Absicht, als Soldat einzutreten, konnte nicht so schnell, wie ich gedacht hatte, ausgeführt werden, und die wenigen Gulden, die ich auf der Insel Texel und in Enkhuizen als Almosen gesammelt, waren bald mit den zwei Gulden, die ich von dem mecklenburgischen Konsul in Amsterdam, Herrn Quack, erhalten hatte, in dem Wirtshause der Frau Graalman in der Ramskoy von Amsterdam verzehrt, wo ich mein Quartier aufschlug. Als meine geringen Mittel gänzlich erschöpft waren, fingierte ich Krankheit und wurde demgemäß in das Hospital aufgenommen. Aus dieser schrecklichen Lage aber befreite mich wieder der schon obenerwähnte freundliche Schiffsmakler J. F. Wendt aus Hamburg, dem ich von Texel aus geschrieben hatte, um ihm Nachricht von unserm Schiffbruch zu geben und ihm zugleich mitzuteilen, daß ich nun mein Glück in Amsterdam zu versuchen gedächte. Ein glücklicher Zufall hatte es gewollt, daß mein Brief ihm gerade überbracht wurde, als er mit einer Anzahl seiner Freunde bei einem festlichen Mahle saß. Der Bericht über das neue Mißgeschick, das mich betroffen, hatte die allgemeine Teilnahme erregt, und eine sogleich von ihm veranstaltete Sammlung die Summe von 240 Gulden ergeben, die er mir nun durch Konsul Quack übersandte. Zugleich empfahl er mich auch dem trefflichen preußischen Generalkonsul, Herrn W. Hepner in Amsterdam, der mir bald in dem Kontor von F. C. Quien eine Anstellung verschaffte.

In meiner neuen Stellung war meine Beschäftigung, Wechsel stempeln zu lassen und sie in der Stadt einzukassieren, Briefe nach der Post zu tragen und von dort zu holen. Diese mechanische Beschäftigung war mir sehr genehm, da sie mir ausreichende Zeit ließ, an meine vernachlässigte Bildung zu denken. Zunächst bemühte ich mich, mir eine leserliche Handschrift anzueignen, und in zwanzig Stunden, die ich bei dem berühmten Brüsseler Kalligraphen Magnée nahm, glückte mir dies auch vollständig; darauf ging ich, um meine Stellung zu verbessern, eifrig an das Studium der modernen Sprachen. Mein Jahresgehalt betrug nur 800 Frank, wovon ich die Hälfte für meine Studien ausgab – mit der andern Hälfte bestritt ich meinen Lebensunterhalt, und zwar kümmerlich genug. Meine Wohnung, für die ich monatlich 8 Frank bezahlte, war eine elende unheizbare Dachstube, in der ich im Winter vor Frost zitterte, im Sommer aber unter der glühendsten Hitze zu leiden hatte. Mein Frühstück bestand aus Roggenmehlbrei, das Mittagessen kostete mir nie mehr als 16 Pfennig. Aber nichts spornt mehr zum Studieren an als das Elend und die gewisse Aussicht, sich durch angestrengte Arbeit daraus befreien zu können. Dazu kam für mich noch der Wunsch, mich Minnas würdig zu zeigen, der einen unbesiegbaren Mut in mir erweckte und entwickelte. So warf ich mich denn mit besonderm Fleiße auf das Studium des Englischen, und hierbei ließ mich die Not eine Methode ausfindig machen, welche die Erlernung jeder Sprache bedeutend erleichtert. Diese einfache Methode besteht zunächst darin, daß man sehr viel laut liest, kleine Übersetzungen macht, täglich eine Stunde nimmt, immer Ausarbeitungen über uns interessierende Gegenstände niederschreibt, diese unter der Aufsicht des Lehrers verbessert, auswendig lernt und in der nächsten Stunde aufsagt, was man am Tage vorher korrigiert hat. Mein Gedächtnis war, da ich es seit der Kindheit gar nicht geübt hatte, schwach, doch benutzte ich jeden Augenblick und stahl sogar Zeit zum Lernen. Um mir sobald als möglich eine gute Aussprache anzueignen, besuchte ich Sonntags regelmäßig zweimal den Gottesdienst in der englischen Kirche und sprach bei dem Anhören der Predigt jedes Wort derselben leise für mich nach. Bei allen meinen Botengängen trug ich, selbst wenn es regnete, ein Buch in der Hand, aus dem ich etwas auswendig lernte; auf dem Postamte wartete ich nie, ohne zu lesen. So stärkte ich allmählich mein Gedächtnis und konnte schon nach drei Monaten meinen

Lehrern, Mr. Taylor und Mr. Thompson, mit Leichtigkeit alle Tage in jeder Unterrichtsstunde zwanzig gedruckte Seiten englischer Prosa wörtlich hersagen, wenn ich dieselben vorher dreimal aufmerksam durchgelesen hatte. Auf diese Weise lernte ich den ganzen »Vicar of Wakefield« von Goldsmith und Walter Scotts »Ivanhoe« auswendig. Vor übergroßer Aufregung schlief ich nur wenig und brachte alle meine wachen Stunden der Nacht damit zu, das am Abend Gelesene noch einmal in Gedanken zu wiederholen. Da das Gedächtnis bei Nacht viel konzentrierter ist als bei Tage, fand ich auch diese nächtlichen Wiederholungen von größtem Nutzen; ich empfehle dies Verfahren jedermann. So gelang es mir, in Zeit von einem halben Jahre mir eine gründliche Kenntnis der englischen Sprache anzueignen.

Dieselbe Methode wendete ich danach bei dem Studium der französischen Sprache an, die ich in den folgenden sechs Monaten bemeisterte. Von französischen Werken lernte ich Fénelons »Aventures de Télémaque« und »Paul et Virginie« von Bernardin de Saint-Pierre auswendig. Durch diese anhaltenden übermäßigen Studien stärkte sich mein Gedächtnis im Laufe eines Jahres dermaßen, daß mir die Erlernung des Holländischen, Spanischen, Italienischen und Portugiesischen außerordentlich leicht wurde, und ich nicht mehr als sechs Wochen gebrauchte, um jede dieser Sprachen fließend sprechen und schreiben zu können.

Hatte ich es nun dem vielen Lesen mit lauter Stimme zu danken oder dem wohltätigen Einfluß der feuchten Luft Hollands, ich weiß es nicht: genug, mein Brustleiden verlor sich schon im ersten Jahre meines Aufenthaltes in Amsterdam und ist auch später nicht wiedergekommen.

Aber meine Leidenschaft für das Studium ließ mich meine mechanische Beschäftigung als Bürodiener bei F. C. Quien vernachlässigen, besonders als ich anfing, sie als meiner unwürdig anzusehen. Meine Vorgesetzten wollten mich indes nicht befördern; dachten sie doch wahrscheinlich, daß jemand, der sich im Amte eines Kontordieners untauglich erwies, für irgendeinen höhern Posten ganz unbrauchbar sein müsse.

Endlich, am 1. März 1844, glückte es mir, durch die Verwendung meiner Freunde Louis Stoll in Mannheim und J. H. Ballauf in Bremen, eine Stellung als Korrespondent und Buchhalter in dem Kontor der Herren B. H. Schröder & Co. in Amsterdam zu erhalten; hier wurde ich zuerst mit einem Gehalt von 1200 Frank engagiert, als aber meine Prinzipale meinen Eifer sahen, gewährten sie mir noch eine jährliche Zulage von 800 Frank als weitere Aufmunterung. Diese Freigebigkeit, für welche ich ihnen stets dankbar bleiben werde, sollte denn in der Tat auch mein Glück begründen; denn da ich glaubte, durch die Kenntnis des Russischen mich noch nützlicher machen zu können, fing ich an, auch diese Sprache zu studieren. Die einzigen russischen Bücher, die ich mir verschaffen konnte, waren eine alte Grammatik, ein Lexikon und eine schlechte Übersetzung der »Aventures de Télemaque«. Trotz aller meiner Bemühungen aber wollte es mir nicht gelingen, einen Lehrer des Russischen aufzufinden; denn außer dem russischen Vizekonsul, Herrn Tannenberg, der mir keinen Unterricht geben wollte, befand sich damals niemand in Amsterdam, der ein Wort von dieser Sprache verstanden hätte. So fing ich denn mein neues Studium ohne Lehrer an und hatte auch in wenigen Tagen, mit Hilfe der Grammatik, mir schon die russischen Buchstaben und ihre Aussprache eingeprägt. Dann nahm ich meine alte Methode wieder auf, verfaßte kurze Aufsätze und Geschichten und lernte dieselben auswendig. Da ich niemand hatte, der meine Arbeiten verbesserte, waren sie ohne Zweifel herzlich schlecht; doch bemühte ich mich, meine Fehler durch praktische Übungen vermeiden zu lernen, indem ich die russische Übersetzung der »Aventures de Télémaque»auswendig lernte. Es kam mir vor, als ob ich schnellere Fortschritte machen würde, wenn ich jemand bei mir hätte, dem ich die Abenteuer Telemachs erzählen konnte: so engagierte ich einen armen Juden, der für 4 Frank pro Woche allabendlich zwei Stunde zu mir kommen und meine russischen Deklamationen anhören mußte, von denen er keine Silbe verstand. Da die Zimmmerdecken in den gewöhnlichen holländischen Häusern meist nur ans einfachen Brettern bestehen, so kann man im Erdgeschoß oft alles vernehmen, was im dritten Stock gesprochen wird. Mein lautes Rezitieren wurde deshalb bald den andern Mietern lästig, sie beklagten sich bei dem Hauswirt, und so kam es, daß ich in der Zeit meiner russischen Studien zweimal die Wohnung wechseln mußte. Aber alle diese Unbequemlichkeiten vermochten meinen Eifer nicht zu vermindern, und nach sechs Wochen schon konnte ich meinen ersten russischen Brief an Wassili Plotnikow schreiben, den Londoner Agenten der großen Indigohändler Gebrüder M. P. N. Malutin in Moskau; auch war ich imstande, mich mit ihm und den russischen Kaufleuten Matwejew und Frolow, die zu den Indigoauktionen nach Amsterdam kamen, fließend in ihrer Muttersprache zu unterhalten.

Als ich mein Studium des Russischen vollendet hatte, begann ich mich ernstlich mit der Literatur der von mir erlernten Sprachen zu beschäftigen.

Im Januar 1846 schickten mich meine vortrefflichen Prinzipale als ihren Agenten nach St. Petersburg, und hier sowohl als auch in Moskau wurden schon in den ersten Monaten meine Bemühungen von einem Erfolge gekrönt, der meiner Chefs und meine eigenen größten Hoffnungen noch weit übertraf. Kaum hatte ich in dieser meiner neuen Stellung mich dem Hause B. H. Schröder & Co. unentbehrlich gemacht und mir dadurch eine ganz unabhängige Lage geschaffen, als ich unverzüglich an den obenerwähnten Freund der Familie Meincke, C. E. Laue in Neustrelitz, schrieb, ihm alle meine Erlebnisse schilderte und ihn bat, sogleich in meinem Namen um Minnas Hand anzuhalten. Wie groß war aber mein Entsetzen, als ich nach einem Monat die betrübende Antwort erhielt, daß sie vor wenigen Tagen eine andere Ehe geschlossen habe. Diese Enttäuschung erschien mir damals als das schwerste Schicksal, das mich überhaupt treffen konnte: ich fühlte mich vollständig unfähig zu irgendwelcher Beschäftigung und lag krank darnieder. Unaufhörlich rief ich mir alles, was sich zwischen Minna und mir in unserer ersten Kindheit begeben hatte, ins Gedächtnis zurück, alle unsere süßen Träume und großartigen Pläne, zu denn Ausführung ich jetzt eine so glänzende Möglichkeit vor mir sah; aber wie sollte ich nun daran denken, sie ohne Minnas Teilnahme auszuführen? Dann machte ich mir auch wohl die bittersten Vorwürfe, daß ich nicht schon, ehe ich mich nach Petersburg begab, um ihre Hand angehalten hatte, – aber immer wieder mußte ich mir selber sagen, daß ich mich dadurch nur lächerlich gemacht haben würde: war ich doch in Amsterdam nur Kommis in einer durchaus unselbständigen und von der Laune meiner Prinzipale abhängigen Stellung gewesen, und hatte ich doch überdies keinerlei Gewähr gehabt, daß es mir in Petersburg glücken würde, wo statt des Erfolges ja auch gänzliches Mißlingen meiner warten konnte. Es schien mir ebenso unmöglich, daß Minna an der Seite eines andern Mannes glücklich werden, wie daß ich jemals eine andere Gattin heimführen würde. Warum mußte das grausame Schicksal sie mir gerade jetzt entreißen, wo ich, nachdem ich sechzehn Jahre lang nach ihrem Besitze gestrebt, endlich geglaubt hatte, sie errungen zu haben? Es war uns beiden in Wahrheit so ergangen, wie es uns so oft im Traume zu ergehen pflegt: wir wähnen jemand rastlos zu verfolgen, und sobald wir glauben, ihn erreicht zu haben, entschlüpft er uns immer von neuem. Wohl dachte ich damals, daß ich den Schmerz über Minnas Verlust nie würde verwinden können; aber die Zeit, die alle Wunden heilt, übte endlich ihren wohltätigen Einfluß auch auf mein Gemüt, und wenn ich auch jahrelang noch um die Verlorene trauerte, konnte ich doch allmählich meiner kaufmännischen Tätigkeit wieder ohne Unterbrechung obliegen.

Schon im ersten Jahre meines Aufenthaltes in Petersburg war ich bei meinen Geschäften so vom Glück begünstigt gewesen, daß ich bereits zu Anfang des Jahres 1847 in die Gilde als Großhändler mich einschreiben ließ. Neben dieser meiner neuen Tätigkeit blieb ich in unveränderter Beziehung zu den Herren B. H. Schröder & Co. in Amsterdam, deren Agentur ich fast elf Jahre lang behielt. Da ich in Amsterdam eine gründliche Kenntnis von Indigo erlangt hatte, beschränkte ich meinen Handel fast ausschließlich auf diesen Artikel.

Da ich lange nichts von meinem Bruder Ludwig Schliemann gehört halte, der im Beginn des Jahres 1849 nach Kalifornien ausgewandert war, so begab ich mich im Frühjahr 1850 dorthin und erfuhr, daß er verstorben war. Ich befand mich noch in Kalifornien, als dasselbe am 4. Juli 1850 zum Staate erhoben wurde, und da alle an jenem Tag im Lande Verweilenden ipso facto naturalisierte Amerikaner wurden, so wurde auch ich Bürger der Vereinigten Staaten. Gegen Ende des Jahres 1852 etablierte ich in Moskau eine Filiale für den Engrosverkauf von Indigo zuerst unter der Leitung meines vortrefflichen Agenten, Alexei Matwejew, nach dessen Tode aber unter der seines Dieners Jutschenko, den ich zum Range eines Kaufmanns der zweiten Gilde erhob; denn aus einem geschickten Diener kann ja leicht ein guter Direktor werden, wenn auch aus einem Direktor nie ein brauchbarer Diener wird.

Da ich in Petersburg immer mit Arbeit überhäuft war, konnte ich meine Sprachstudien nicht weiterbetreiben, und so fand ich erst im Jahre 1854 ausreichende Zeit, mir die schwedische und polnische Sprache anzueignen.

Die göttliche Vorsehung beschützte mich oft in der wunderbarsten Weise, und mehr als einmal wurde ich nur durch einen Zufall vom gewissen Untergange gerettet. Mein ganzes Leben lang wird mir der Morgen des 4. Oktober 1854 in der Erinnerung bleiben. Es war in der Zeit des Krimkrieges. Da die russischen Häfen blockiert waren, mußten alle für Petersburg bestimmten Waren nach den preußischen Häfen von Königsberg und Memel verschifft und von dort zu Lande weiterbefördert werden. So waren denn auch mehrere hundert Kisten Indigo und eine große Partie anderer Waren von Amsterdam für meine Rechnung auf zwei Dampfern an meine Agenten, die Herren Meyer & Co., in Memel abgesandt worden, um von dort zu Lande nach Petersburg transportiert zu werden. Ich hatte den Indigoauktionen in Amsterdam beigewohnt und befand mich nun auf dem Wege nach Memel, um dort nach der Expedition meiner Waren zu sehen. Spät am Abend des 3. Oktober im Hotel de Prusse in Königsberg angekommen, sah ich am folgenden Morgen, bei einem zufälligen Blick aus dem Fenster meines Schlafzimmers, auf dem Turme des nahen «Grünen Tores« folgende ominöse Inschrift in großen vergoldeten Lettern mir entgegenleuchten:

Vultus fortunae variatur imagine lunae:
Crescit, decrescit, constans persistere nescit.

Ich war nicht abergläubig, aber doch machte diese Inschrift einen tiefen Eindruck auf mich, und eine zitternde Furcht, wie vor einem nahen unbekannten Mißgeschick, bemächtigte sich meiner.

Als ich meine Reise mit der Post fortsetzte, vernahm ich auf der ersten Station hinter Tilsit zu meinem Entsetzen, daß die Stadt Memel am vorhergegangenen Tage von einer furchtbaren Feuersbrunst eingeäschert worden sei, und vor der Stadt angekommen, sah ich die Nachricht in der traurigsten Weise bestätigt. Wie ein ungeheuerer Kirchhof, auf dem die rauchgeschwärzten Mauern und Schornsteine wie große Grabsteine, wie finstere Wahrzeichen der Vergänglichkeit alles Irdischen sich erhoben, lag die Stadt vor unsern Blicken. Halbverzweifelt suchte ich zwischen den rauchenden Trümmerhaufen nach Herrn Meyer. Endlich gelang es mir, ihn aufzufinden – aber auf meine Frage, ob meine Güter gerettet wären, wies er statt aller Antwort auf seine noch glimmenden Speicher und sagte: »Dort liegen sie begraben.« Der Schlag war sehr hart: durch die angestrengte Arbeit von achtundeinhalb Jahren hatte ich mir in Petersburg ein Vermögen von 150 000 Talern erworben – und nun sollte dies ganz verloren sein. Es währte indessen nicht lange, so halte ich mich auch mit diesem Gedanken vertraut gemacht, und gerade die Gewißheit meines Ruins gab mir meine Geistesgegenwart wieder.

Das Bewußtsein, niemand etwas schuldig zu sein, war mir eine große Beruhigung; der Krimkrieg hatte nämlich erst vor kurzem begonnen, die Handelsverhältnisse waren noch sehr unsicher, und ich hatte infolgedessen nur gegen bar gekauft. Ich durfte wohl erwarten, daß die Herren Schröder in London und Amsterdam mir Kredit gewähren würden, und so hatte ich die beste Zuversicht, daß es mir mit der Zeit gelingen werde, das Verlorene wieder zu ersehen. Es war noch am Abend des nämlichen Tages: ich stand im Begriffe, meine Weiterreise nach Petersburg mit der Post anzutreten und erzählte eben den übrigen Passagieren von meinem Mißgeschick, da fragte plötzlich einer der Umstehenden nach meinem Namen und rief, als er denselben vernommen hatte, aus: »Schliemann ist ja der einzige, der nichts verloren hat! Ich bin der erste Kommis bei Meyer & Co. Unser Speicher war schon übervoll, als die Dampfer mit Schliemanns Waren anlangten, und so mußten wir dicht daneben noch einen hölzernen Schuppen bauen, in dem sein ganzes Eigentum unversehrt geblieben ist.« Der plötzliche Übergang von schwerem Kummer zu großer Freude ist nicht leicht ohne Tränen zu ertragen: ich stand einige Minuten sprachlos; schien es mir doch wie ein Traum, wie ganz unglaublich, daß ich allein aus dem allgemeinen Ruin unbeschädigt hervorgegangen sein sollte! Und doch war dem so; und das wunderbarste dabei, daß das Feuer in dem massiven Speicher von Meyer & Co., auf der nördlichen Seite der Stadt, ausgekommen war, von wo es bei einem heftigen orkanartigen Nordwind sich schnell über die ganze Stadt verbreitet hatte; dieser Sturm war denn auch die Rettung für den hölzernen Schuppen gewesen, der, nur ein paar Schritt nördlich von dem Speicher gelegen, ganz unversehrt geblieben war.

Meine glücklich verschont gebliebenen Waren verkaufte ich nun äußerst vorteilhaft, ließ dann den Ertrag wieder und immer wieder arbeiten, machte große Geschäfte in Indigo, Farbhölzern und Kriegsmaterialien (Salpeter, Schwefel und Blei) und konnte so, da die Kapitalisten Scheu trugen, sich während des Krimkrieges auf größere Unternehmungen einzulassen, beträchtliche Gewinne erzielen und im Laufe eines Jahres mein Vermögen mehr als verdoppeln.

Ich hatte immer sehnlichst gewünscht, Griechisch lernen zu können; vor dem Krimkriege aber war es mir nicht ratsam erschienen, mich auf dieses Studium einzulassen, denn ich mußte fürchten, daß der mächtige Zauber der herrlichen Sprache mich zu sehr in Anspruch nehmen und meinen kaufmännischen Interessen entfremden möchte. Während des Krieges aber war ich mit Geschäften dermaßen überbürdet, daß ich nicht einmal dazu kommen konnte, eine Zeitung, geschweige denn ein Buch zu lesen. Als aber im Januar 1856 die ersten Friedensnachrichten in Petersburg eintrafen, vermochte ich meinen Wunsch nicht länger zu unterdrücken und begab mich unverzüglich mit größtem Eifer an das neue Studium; mein erster Lehrer war Herr Nikolaos Pappadakes, der zweite Herr Theoklelos Vimpos, beide aus Athen, wo der letztere heute Erzbischof ist. Wieder befolgte ich getreulich meine alte Methode, und um mir in kurzer Zeit den Wortschatz anzueignen, was mir noch schwieriger vorkam als bei der russischen Sprache, verschaffte ich mir eine neugriechische Übersetzung von »Paul et Virginie« und las dieselbe durch, wobei ich dann aufmerksam jedes Wort mit dem gleichbedeutenden des französischen Originals verglich. Nach einmaligem Durchlesen hatte ich wenigstens die Hälfte der in dem Buche vorkommenden Wörter inne, und nach einer Wiederholung dieses Verfahrens hatte ich sie beinahe alle gelernt, ohne dabei auch nur eine Minute mit Nachschlagen in einem Wörterbuche verloren zu haben. So gelang es mir, in der kurzen Zeit von sechs Wochen die Schwierigkeiten des Neugriechischen zu bemeistern; danach aber nahm ich das Studium der alten Sprache vor, von der ich in drei Monaten eine genügende Kenntnis erlangte, um einige der alten Schriftsteller und besonders den Homer verstehen zu können, den ich mit größter Begeisterung immer und immer wieder las.

Nun beschäftigte ich mich zwei Jahre lang ausschließlich mit der altgriechischen Literatur, und zwar las ich während dieser Zeit beinahe alle alten Klassiker kursorisch durch, die Ilias und Odyssee aber mehrmals. Von griechischer Grammatik lernte ich nur die Deklinationen und die regelmäßigen und unregelmäßigen Verba; mit dem Studium der grammatischen Regeln aber verlor ich auch keinen Augenblick meiner kostbaren Zeit. Denn da ich sah, daß kein einziger von all den Knaben, die in den Gymnasien acht Jahre hindurch, ja oft noch länger, mit langweiligen grammatischen Regeln gequält und geplagt werden, später imstande ist, einen griechischen Brief zu schreiben, ohne darin Hunderte der gröbsten Fehler zu machen, mußte ich wohl annehmen, daß die in den Schulen befolgte Methode eine durchaus falsche war; meiner Meinung nach kann man sich eine gründliche Kenntnis der griechischen Grammatik nur durch die Praxis aneignen, das heißt durch aufmerksames Lesen klassischer Prosa und durch Auswendiglernen von Musterstücken aus derselben. Indem ich diese höchst einfache Methode befolgte, lernte ich das Altgriechische wie eine lebende Sprache. So schreibe ich es denn auch vollständig fließend und drücke mich ohne Schwierigkeit darin über jeden beliebigen Gegenstand aus, ohne die Sprache je zu vergessen. Mit allen Regeln der Grammatik bin ich vollkommen vertraut, wenn ich auch nicht weiß, ob sie in den Grammatiken verzeichnet stehen oder nicht, Und kommt es vor, daß jemand in meinen griechischen Schriften Fehler entdecken will, so kann ich jedesmal den

Beweis für die Richtigkeit meiner Ausdrucksweise dadurch erbringen, daß ich ihm diejenigen Stellen aus den Klassikern rezitiere, in denen die von mir gebrauchten Wendungen vorkommen.

Unterdessen nahmen meine kaufmännischen Geschäfte in Petersburg und Moskau einen stets günstigen Fortgang. Ich war als Kaufmann ungemein vorsichtig; und obgleich ich bei dem schrecklichen Krach der furchtbaren Handelskrisis des Jahres 1857 auch von einigen harten Schlägen betroffen wurde, so taten mir dieselben doch keinen erheblichen Schaden, und selbst jenes unglückliche Jahr brachte mir schließlich noch einigen Gewinn.

Im Sommer 1858 nahm ich mit meinem verehrten Freunde Professor Ludwig von Muralt in Petersburg meine Studien der lateinischen Sprache wieder auf, die fast 25 Jahre lang geruht hatten. Jetzt, wo ich Neu- und Altgriechisch konnte, machte mir das Lateinische wenig Mühe, und ich hatte es mir bald angeeignet.

Im Jahre 1858 schien mir mein erworbenes Vermögen groß genug, und ich wünschte mich deshalb gänzlich vom Geschäft zurückzuziehen. Ich reiste zunächst nach Schweden, Dänemark, Deutschland, Italien und Ägypten, wo ich den Nil bis zu den zweiten Katarakten in Nubien hinauffuhr. Hierbei benutzte ich die günstige Gelegenheit, Arabisch zu lernen, und reiste dann durch die Wüste von Kairo nach Jerusalem. Darauf besuchte ich Petra, durchstreifte ganz Syrien und hatte so fortdauernd Gelegenheit, eine praktische Kenntnis des Arabischen zu erwerben; ein eingehendes Studium der Sprache nahm ich erst später in Petersburg vor. Nach der Rückkehr aus Syrien besuchte ich im Sommer 1859 Smyrna, die Zykladen und Athen und war eben im Begriff, nach der Insel Ithaka aufzubrechen, als ich vom Fieber befallen wurde. Zugleich kam mir auch die Nachricht aus Petersburg zu, daß der Kaufmann Stepan Solovieff, der falliert hatte und nach einer zwischen uns getroffenen Vereinbarung die bedeutenden Summen, die er mir schuldete, innerhalb vier Jahren, und zwar in jährlichen Raten zurückzahlen sollte, nicht nur den ersten Termin nicht innegehalten, sondern überdies bei dem Handelsgerichte einen Prozeß gegen mich angestrengt hatte. Unverzüglich kehrte ich nach Petersburg zurück, die Luftveränderung kurierte mich vom Fieber, und in kürzester Zeit gewann ich auch den Prozeß. Nun aber appellierte mein Gegner bei dem Senat, wo kein Prozeß in weniger als drei bis vier Jahren zur Entscheidung gelangen kann, und da meine persönliche Gegenwart unumgänglich notwendig war, nahm ich meine Handelsgeschäfte, sehr wider Willen, von neuem auf, und zwar diesmal in weit größerm Maßstabe als je zuvor. Vom Mai bis Oktober 1860 belief sich der Wert der von mir importierten Waren auf nicht weniger als zehn Millionen Mark. Außer in Indigo und Olivenöl machte ich in den Jahren 1860 und 1861 auch in Baumwolle sehr bedeutende Geschäfte, die durch den amerikanischen Bürgerkrieg und die Blockade der südstaatlichen Häfen begünstigt wurden und großen Gewinn gaben. Als die Baumwolle aber zu teuer wurde, gab ich sie auf und machte große Geschäfte in Tee, dessen Einfuhr auf dem Seewege vom Mai 1862 an gestattet wurde. Da indessen im Winter von 1862 auf 1863 die Revolution in Polen ausbrach, und die Juden die dort herrschende Unordnung benutzten, um riesige Quantitäten Tee nach Rußland einzuschmuggeln, konnte ich, der ich immer den hohen Einfuhrzoll bezahlen mußte, nicht die Konkurrenz dieser Leute aushalten und zog mich daher wieder vom Teehandel zurück. Ich hatte damals noch 6000 Kisten auf Lager, die ich nur mühsam mit geringem Gewinn los wurde.

Da weiterhin der Himmel fortfuhr, allen meinen kaufmännischen Unternehmungen ein wunderbares Gelingen zu schenken, sah ich mich schon gegen Ende des Jahres 1863 in den Stand gesetzt, den Idealen, welche ich seit meiner Kindheit hegte, in ausgedehntestem Maße nachzugehen. Inmitten allen Gewühls des geschäftlichen Lebens aber hatte ich nie aufgehört, an Troja zu denken und an die 1830 mit meinem Vater und Minna getroffene Übereinkunft, es dereinst auszugraben. Wohl hing mein Herz jetzt am Gelde, aber nur, weil ich dasselbe als Mittel zur Erreichung dieses meines großen Lebenszweckes betrachtete. Außerdem hatte ich nur mit Widerwillen und weil ich für die Zeit des langwierigen Prozesses mit Solovieff eine Beschäftigung und Zerstreuung brauchte, meine kaufmännische Tätigkeit wieder aufgenommen. Als daher der Senat die Appellation meines Gegners abgewiesen und dieser mir im Dezember 1863 die letzte Zahlung geleistet hatte, fing ich sofort an, mein Geschäft zu liquidieren.

Bevor ich mich jedoch gänzlich der Archäologie widmete und an die Verwirklichung des Traumes meines Lebens ging, wollte ich noch etwas mehr von der Welt sehen. So reiste ich im April 1864 nach Tunis, nahm die Ruinen von Karthago in Augenschein, und ging von dort über Ägypten nach Indien. Der Reihe nach besuchte ich die Insel Ceylon, Madras, Kalkutta, Benares, Agra, Lucknow, Delhi, das Himalajagebirge, Singapore, die Insel Java, Saigon in Cochinchina und verweilte dann zwei Monate in China, wo ich nach Hongkong, Kanton, Amoy, Foochoo, Schanghai, Tientsin, Peking und bis zur Chinesischen Mauer kam. Dann begab ich mich nach Yokohama und Jeddo in Japan und von hier auf einem kleinen englischen Schiffe über den Stillen Ozean nach San Franzisko in Kalifornien. Unsere Überfahrt dauerte 50 Tage, wahrend deren ich mein erstes Buch »La Chine et le Japon« schrieb. Von San Franzisko ging ich über Nikaragua nach den östlichen Vereinigten Staaten, von denen ich die meisten durchreiste; dann besuchte ich noch Havanna und die Stadt Mexiko und ließ mich endlich im Frühjahr 1866 in Paris nieder, um mich dauernd dem Studium der Archäologie zu widmen, das ich von nun an nur durch gelegentliche kürzere Reisen nach Amerika unterbrach.

2. Erste Reise nach Ithaka, dem Peloponnes und Troja *(1868-1869)*

Ausgrabung auf dem Berg Aëtos – Vorlesungen aus Homer – Erster Besuch von Bunarbaschi – Lage von Hissarlik

Endlich war es mir möglich, den Traum meines Lebens zu verwirklichen, den Schauplatz der Ereignisse, die für mich ein so tiefes Interesse gehabt, und das Vaterland der Helden, deren Abenteuer meine Kindheit entzückt und getröstet hatten, in erwünschter Muße zu besuchen. So brach ich im April 1868 auf und ging über Rom und Neapel nach Korfu, Kephalonia und Ithaka, welches letztere ich gründlich durchforschte.«

In Ithaka bezeichnete das Volk den Berg Aëtos wegen einer altertümlichen Ringmauer, welche den Gipfel umgibt, als die Burg des Odysseus. Wie sich Heinrich Schliemann an dieser Stelle zum erstenmal zu einer Ausgrabung entschloß, und mit welchen Gedanken er sie ausführte, berichtet er in seinem Buche »Ithaka, der Peloponnes und Troja«:

»Der Gipfel des Aëtos ist mit großen, waagerecht liegenden Steinen besäet; doch sah ich hier und da einige Meter mit Gesträuch und Stauden bedeckt, welche mir anzeigten, daß hier auch Erde vorhanden sei. Sofort entschloß ich mich, überall, wo die Beschaffenheit des Bodens es erlauben würde, Ausgrabungen anzustellen. Da ich aber keine Werkzeuge bei mir hatte, so mußte ich meine Nachforschungen bis auf den folgenden Tag verschieben.

Die Hitze war drückend; mein Thermometer zeigte 52 Grad Celsius; ich fühlte brennenden Durst und hatte weder Wasser noch Wein bei mir. Aber die Begeisterung, welche ich in mir fühlte, da ich mich mitten unter den Ruinen vom Palaste des Odysseus befand, war so groß, daß ich Hitze und Durst vergaß. Bald untersuchte ich die Örtlichkeit, bald las ich in der Odyssee die Beschreibung der rührenden Szenen, deren Schauplatz dieser Ort gewesen ist; bald bewunderte ich die herrliche Rundsicht, welche sich auf allen Seiten vor meinen Augen entrollte und kaum derjenigen nachstand, an welcher ich mich acht Tage vorher in Sizilien vom Gipfel des Ätna aus erfreut hatte.

Am folgenden Tage, den 10. Juli, nachdem ich im Meere gebadet hatte, machte ich mich vom Dorfe, wo ich übernachtet, um 5 Uhr morgens mit vier Arbeitern auf den Weg. Von Schweiß durchnäßt, langten wir um 7 Uhr auf dem Gipfel des Aëtos an. Zuerst ließ ich durch die vier Männer das Gesträuch mit der Wurzel ausreißen, dann den nordöstlichen Winkel aufgraben, wo nach meiner Vermutung sich der herrliche Ölbaum befunden haben mußte, aus welchem Odysseus sein Hochzeitsbett verfertigte und um dessen Standort er sein Schlafzimmer baute (Od. XXIII, 183-204). ›Im Innern des Hofes wuchs ein dichtbelaubter Ölbaum, hoch, blühend und stark wie eine Säule; rings um ihn herum baute ich aus großen Steinen das Ehegemach, bis ich es vollendet hatte, deckte es mit einem Dach und verschloß es mit dichten, fest eingefugten Türen; darauf hieb ich die Zweige des dichtbelaubten Ölbaumes ab, bearbeitete die Oberfläche des Stammes von der Wurzel aus, glättete ihn geschickt mit dem Erze nach der Richtschnur, machte daraus den Fuß des Bettes und durchbohrte ihn überall mit dem Bohrer; auf diesem Fuße baute ich das ganze Bett auf, belegte es mit Gold, Silber und Elfenbein und spannte Riemen von Rindsleder, mit glänzendem Purpur gefärbt, darin aus.‹

Indes wir fanden nichts als Trümmer von Ziegeln und Töpferwaren, und in einer Tiefe von 66 Zentimeter legten wir den Felsen bloß. In diesem Felsen waren allerdings viele Spalten, in welche die Wurzeln des Ölbaumes hätten eindringen können; aber es war jede Hoffnung für mich verschwunden, hier archäologische Gegenstände zu finden.

Ich ließ darauf den Boden nebenan aufgraben, weil ich zwei Quadersteine entdeckt hatte, welche, wie es schien, einer Mauer angehört hatten, und nach dreistündiger Arbeit förderten die Arbeiter die beiden unteren Lagen eines kleinen Gebäudes zutage: die Steine desselben waren gut behauen und reichlich mit weißem Zement verbunden, also stammte der Bau erst aus später, vielleicht römischer Zeit.

Während meine Arbeiter mit dieser Ausgrabung beschäftigt waren, untersuchte ich die ganze Baustelle des Palastes mit der größten Aufmerksamkeit, und als ich einen dicken Stein gefunden hatte, dessen Ende eine kleine Kurvenlinie zu beschreiben schien, löste ich mit dem Messer die Erde vom Steine ab und sah, daß dieser einen Halbkreis bildete. Als ich mit dem Messer zu graben fortfuhr, bemerkte ich bald, daß man den Kreis auf der Seite durch kleine übereinandergeschichtete Steine vervollständigt hatte, die sozusagen eine Mauer im Kleinen bildeten. Ich wollte anfänglich diesen Kreis mit dem Messer aushöhlen, konnte aber meinen Zweck nicht erreichen, weil die Erde mit einer weißen Substanz, welche ich als die Asche kalzinierter Knochen erkannte, gemischt und fast so hart wie der Stein selbst war. Ich machte mich also daran mit der Hacke zu graben; aber kaum war ich 10 Zentimeter tief eingedrungen, so zerbrach ich eine schöne, aber ganz kleine, mit menschlicher Asche angefüllte Vase. Ich fuhr mit der größten Vorsicht zu graben fort und fand ungefähr zwanzig ganz verschiedene Vasen von bizarrer Form. Einige lagen, andere standen. Leider zerbrach ich die meisten derselben beim Herausnehmen wegen der Härte der Erde und aus Mangel an guten Wirkzeugen und konnte nur fünf in unversehrtem Zustande fortbringen. Die größte von ihnen ist nicht höher als 11 Zentimeter. Zwei davon hatten recht hübsche Malereien, als ich sie aus der Erde zog; sie wurden aber fast unkenntlich, sobald ich sie der Sonne aussetzte. Außerdem fand ich in diesem kleinen Familienkirchhofe die gekrümmte Klinge eines Opfermessers, stark mit Rost überzogen, ein Götzenbild von Ton, welches eine Göttin mit zwei Flöten im Munde darstellt; dann die Trümmer eines eisernen Degens, einen Eberzahn, mehrere kleine Tierknochen und endlich eine Handhabe aus ineinandergeschlungenen Bronzefäden. Fünf Jahre meines Lebens hätte ich für eine Inschrift hingegeben, aber leider! war keine vorhanden.

Obgleich das Alter dieser Gegenstände schwer zu bestimmen ist, so scheint es mir doch gewiß, daß die Vasen weit älter sind als die ältesten Vasen von Cumä im Museum zu Neapel, und es ist wohl möglich, daß ich in meinen fünf kleinen Urnen die Asche des Odysseus und der Penelope oder ihre Nachkommen bewahre.« So fest vertraute er auf seinen Homer und auf sein Finderglück. Sieben Jahre später, nach der Entdeckung der Fürstenschätze von Troja und Mykenä, hätte er sich das Grab des Herrschers von Ithaka prunkvoller vorgestellt! Er fährt fort in dem Berichte über diesen Tag:

»Nichts erregt mehr Durst, als die schwere Arbeit des Ausgrabens bei einer Hitze von 52 Grad in der Sonne. Mir hatten zwar drei ungeheure Krüge voll Wasser und eine große, vier Liter Wein enthaltende Flasche mitgebracht. Der Wein reichte für uns aus, weil der Rebensaft Ithakas dreimal stärker ist als Bordeauxwein, aber unser Wasservorrat war bald erschöpft, und zweimal waren wir gezwungen, ihn zu erneuern.

Meine vier Arbeiter hatten die Ausgrabung des nachhomerischen Hauses in derselben Zeit beendigt, in welcher ich mit der Ausgrabung des kleinen kreisrunden Kirchhofes fertig war. Ich hatte allerdings mehr Erfolg gehabt als sie; doch ich machte ihnen keinen Vorwurf darüber, da sie tüchtig gearbeitet hatten, und mehr als tausend Jahre können vergehen, ehe der bloßgelegte Raum wieder von atmosphärischem Staub ausgefüllt wird.

Der Mittag kam, und wir hatten seit 5 Uhr morgens nichts gegessen; wir machten uns daher an unser Frühstück unter einem Ölbaum, ungefähr 15 Meter unterhalb des Gipfels. Unser Mahl bestand in trockenem Brot, Wein und Wasser, dessen Temperatur nicht unter 30 Grad war. Aber Erzeugnisse des Bodens von Ithaka waren es, welche ich genoß, und zwar im Palasthofe des Odysseus, vielleicht an derselben Stelle, wo er Tränen vergoß, als er seinen Lieblingshund Argos wiedersah, der vor Freude starb, als er seinen Herrn nach zwanzigjähriger Abwesenheit wiedererkannte, und wo der göttliche Sauhirt die berühmten Worte sprach:

"Ἡμιου γάρ τ᾽αρετῆσ αποαίνυται ευρύοπα Ζεύσ
'Ανέρος εὖτ' άν μιν κατὰ δούλιον ἦμαρ ἔλησιν

›Denn der allwaltende Jupiter nimmt die Hälfte des Wertes dem Manne, sobald der Tag der Knechtschaft ihn erreicht hat.‹

Ich kann wohl sagen, daß ich niemals in meinem Leben mit größeren Appetit gegessen habe als bei diesem frugalen Mahle im Schlosse des Odysseus. Nach dem Frühstück ruhten meine Arbeiter anderthalb Stunden aus, während ich, die Hacke in der Hand, das Terrain auf der Baustelle des Palastes zwischen den Einschließungsmauern untersuchte, um womöglich weitere Entdeckungen zu machen. Überall wo die Beschaffenheit des Bodens die Möglichkeit zuließ, etwas zu finden, machte ich Merkzeichen, um an diesen Stellen mit den Arbeitern Ausgrabungen zu veranstalten. Um 2 Uhr machten sie sich wieder an die Arbeit und setzten sie bis 5 Uhr fort, aber ohne den geringsten Erfolg. Da ich indes die Ausgrabungen am Morgen des folgenden Tages von neuem beginnen wollte, so ließen wir die Werkzeuge oben auf dem Berge und kehrten nach Vathy zurück, wo wir abends 7 Uhr ankamen.«

Bei seinen Streifzügen durch Ithaka bestätigte sich ihm allenthalben, daß die Örtlichkeit der Insel mit den Angaben der Odyssee übereinstimmte. In rohem, kyklopischem Gemäuer erkannte er die Ställe des Eumaios wieder und fand am Meeresstrande die Tropfsteinhöhle der Nymphen, in welcher die Phäaken den schlummernden Odysseus niederlegten. Wie er zum »Felde des Laertes« kommt, erzählt er:

»Bald kam ich auf dem Felde des Laertes an, wo ich mich niedersetzte, um auszuruhen und den 24. Gesang der Odyssee zu lesen. Die Ankunft eines Fremden ist schon in der Hauptstadt von Ithaka ein Ereignis; wieviel mehr noch auf dem Lande. Kaum hatte ich mich gesetzt, so drängten sich die Dorfbewohner um mich und überhäuften mich mit Fragen. Ich hielt es für das klügste, ihnen den 24. Gesang der Odyssee vom 205. bis 412. Vers laut vorzulesen und Wort für Wort in ihren Dialekt zu übersetzen. Grenzenlos war ihre Begeisterung, als sie in der wohlklingenden Sprache Homers, in der Sprache ihrer glorreichen Vorfahren vor 3000 Jahren, die schrecklichen Leiden erzählen hörten, welche der alte König Laertes gerade an der Stelle erduldet hatte, wo wir versammelt waren, und bei der Schilderung seiner hohen Freude, als er an demselben Orte nach zwanzigjähriger Trennung seinen geliebten Sohn Odysseus, den er für tot gehalten halte, wiederfand. Aller Augen schwammen in Tränen, und als ich meine Vorlesung beendet hatte, kamen Männer, Frauen und Kinder alle an mich heran und umarmten mich mit den Worten: Μεγάλην χαρὰν μα˜σ έκαμες, κατὰ πολλά σε ευχαριστου˜μεν (Du hast uns eine große Freude gemacht, wir danken dir tausendmal). Man trug mich im Triumph ins Dorf, wo alle miteinander wetteiferten, mir ihre Gastfreundschaft in reichstem Maße zuteil werden zu lassen, ohne die geringste Entschädigung dafür annehmen zu wollen. Man wollte mich nicht eher abreisen lassen, als bis ich einen zweiten Besuch im Dorfe versprochen hatte.

Endlich, gegen 10 Uhr morgens, setzte ich meinen Marsch auf dem Abhange des Berges Anoge (des alten Neritos) fort, und nach anderthalb Stunden kamen wir in dem reizenden Dorfe Leuke an. Man war schon von meinem Besuche unterrichtet, und die Einwohner, mit dem Priester an der Spitze, kamen mir in einer beträchtlichen Entfernung vom Dorfe entgegen, empfingen mich mit dem Ausdruck der lebhaftesten Freude und gaben sich nicht eher zufrieden, als bis ich allen die Hand gedrückt hatte. Es war Mittag, als wir im Dorfe ankamen, und da ich noch die Stelle des alten Polistales und seine Akropolis, das Dorf Stavros und das Kloster der heiligen Jungfrau auf dem Gipfel des Anoge zu besuchen vorhatte, so wollte ich mich in Leuke nicht aufhalten. Aber man bat mich so dringlich, einige Stellen aus der Odyssee vorzulesen, daß ich mich endlich gezwungen sah, nachzugeben. Um von allen verstanden zu werden, nahm ich einen Tisch unter einer Platane mitten im Dorfe als Tribüne und las mit lauter Stimme den 23. Gesang der Odyssee von Vers 1 bis 247 vor, wo erzählt wird, wie die Königin von Ithaka, die keuscheste und beste der Frauen, ihren angebeteten Gemahl nach zwanzigjähriger Trennung wiedererkennt. Obgleich ich dieses Kapitel schon unzählig oft gelesen habe, so war ich doch stets beim Lesen desselben lebhaft gerührt, und den nämlichen Eindruck machten diese prächtigen Verse auf meine Zuhörer; alle weinten, und ich weinte mit.

Nach Beendigung meiner Vorlesung wollte, man mich durchaus bis zum folgenden Tage im Dorfe behalten, aber ich lehnte dies entschieden ab. Mit großer Mühe gelang es mir endlich, mich von diesen braven Dorfbewohnern zu trennen, aber nicht ohne vorher mit ihnen angestoßen und jeden geküßt zu haben.«

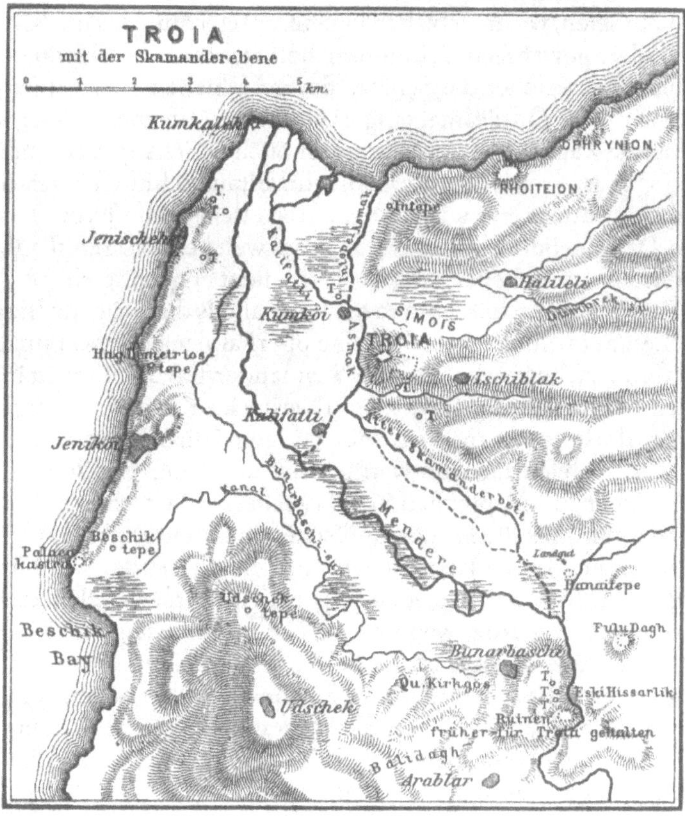

Karte der Troas (nach Schuchhardt).

So wanderte der Sechsundvierzigjährige begeisterten Herzens zu den Stätten, von denen Homer gesungen, und sie enthüllten sich seinem naiven Sinne in der heutigen Umgebung. Nach Ithaka waren sein nächstes Ziel die nahe beieinander in der argivischen

Landschaft des Peloponnes gelegenen Burgen von Mykenä und Tiryns. Vor dem Burgtor von Mykenä, über welchem die Löwen noch heute wie vor drei Jahrtausenden ihre Wacht halten, kam er auf den Gedanken, daß den Worten des Pausanias nach die Gräber des Agamemnon und des Atreus innerhalb der Mauer der Burg, nicht innerhalb des weiteren Mauerkreises der Stadt Mykenä zu denken seien, wie man bisher angenommen hatte. Er sah, daß dort über den gewaltigen Trümmern heroischer Herrlichkeiten viel Schutt lag, welcher die Schätze des goldreichen Mykenä bergen konnte. Aber für diesmal ging er an dieser Aufgabe vorüber, sein Interesse war gebannt an die vornehmlichen Schauplätze von Ilias und Odyssee, er eilte nach Troja. Im Piräus schiffte er sich nach Konstantinopel ein, um noch am Tage der Ankunft von dort zu den Dardanellen zurückzukehren, bei welchen das Schiff auf seiner ununterbrochenen Fahrt vordem nicht angehalten hatte.

Fast allgemein betrachtete man damals als die Stätte der homerischen Stadt Ilios die steile Höhe oberhalb des Dorfes Bunarbaschi, an welcher vorbei sich der Skamanderfluß den Eintritt in die Ebene erzwingt, die an der Nordwestecke Kleinasiens mündet. Denn dort wollte am Ende des vorigen Jahrhunderts ein französischer Gelehrter eine warme und eine kalte Quelle gesehen haben, genau entsprechend den Quellen, an welchen nach den Versen der Ilias die Frauen und schönen Töchter der Troer ihre glänzenden Gewänder wuschen; und ein Reisender wie Moltke hatte den Entscheid gegeben, daß man an dieser Stelle jederzeit sich anbauen würde, wenn es gälte, eine unersteigbare Burg zu gründen. Aber diesmal ist der Feldherr unterlegen.

»Ich gestehe«, schreibt Schliemann bei seiner Ankunft in Bunarbaschi, »daß ich meine Rührung kaum bewältigen konnte, als ich die ungeheuere Ebene von Troja vor mir sah, deren Bild mir schon in den Träumen meiner ersten Kindheit vorgeschwebt hatte. Nur schien sie mir beim ersten Blick zu lang zu sein und Troja viel zu entfernt vom Meer zu liegen, wenn Bunarbaschi wirklich innerhalb des Bezirks der alten Stadt erbaut ist, wie fast alle Archäologen, welche den Ort besucht haben, behaupten.« Dieser Zweifel war in seiner genauen Kenntnis des Homer begründet. Die Worte Homers galten ihm, wie er selbst es ausdrückte, als ein

Evangelium, sein Glaube daran war stark genug, ihn von vornherein über die gelehrten Skrupel hinwegzusetzen, wonach die Andeutungen der Örtlichkeit in den Versen der Ilias nur das Werk frei sie erschaffender dichterischer Phantasien feien. Die aufrichtige Begeisterung für die schlichte Wahrheit homerischer Schilderungen, welche das Leben des Mannes mit einem neuen Inhalt erfüllt hatte, empfand den Zweifel an den Tatsachen des besungenen Kampfes als einen beleidigenden Zweifel an der Ehrlichkeit der Person des ihn erhebenden Dichters. Da nun in der Ilias die Kämpfe der Griechen und Trojaner vom Schiffslager zur Stadt des Priamos hin und her wogten und die Entfernung dazwischen an einem Tage mehrfach durchmessen wurde, so stellte Schliemann an sein Ilion die Forderung, daß es an einem andern Orte näher der Küste gelegen habe als das drei Stunden davon entfernte Bunarbaschi. Wie hätte Achill den Hektor dreimal um die Mauern dieser Höhe verfolgen können, deren Abhänge nach dem Skamander zu kaum zu erklimmen sind? Bei der eingehenden Untersuchung der Gegend stellte sich heraus, daß es eine warme und eine kalte Quelle dort nicht gab, sondern was man dafür gehalten hatte, war ein Bezirk von an vierzig einzelnen Quellen ganz gleicher Wärme. Um aber vollkommen sicher zu gehen, so griff er auch hier wieder sofort zum Spaten; indessen die angestellten Ausgrabungen in und um die kleine Bergfeste herum, welche die Höhe von Bunarbaschi krönt, hatten nicht das für Troja erwartete Ergebnis. Wie Schliemann in dieser verwahrlosten Gegend lebte, wo die Hütten ein Ungeziefer beherbergen, vor welchem der Reisende flüchtet, um sein Nachtquartier im Freien aufzuschlagen, mögen folgende Zeilen veranschaulichen. »Erst um 5 Uhr abends verließ ich die kleine Zitadelle, und nachdem ich wiederum von Süden nach Norden den ganzen Raum, welchen man für die Stelle des alten Troja hält, durchwandert halte, stieg ich zum Skamander hinab und nahm mein Abendbrot ein, das nur in Gerstenbrot und Flußwasser bestand. Das Brot war durch die Hitze so trocken geworden, daß ich es nicht brechen konnte; ich legte es eine Viertelstunde ins Wasser, wodurch es weich wurde wie Kuchen. Ich aß mit Vergnügen und trank dazu aus dem Fluß. Das Trinken war jedoch beschwerlich; ich hatte keinen Becher und mußte mich jedesmal über den Fluß neigen, wobei ich mich auf die Arme stützte, welche bis zu den Ellbogen in den Morast einsanken. Aber doch war es eine große Freude für mich, das Wasser des Skamander zu trinken, und ich dachte lebhaft daran, wie tausend andere sich bereitwillig weit größeren Beschwerden unterwerfen würden, um diesen göttlichen Fluß zu sehen und sein Wasser zu kosten.« Dieser Enthusiasmus für den Fluß, an welchem der Kampf der Helden getobt, war bei ihm nicht Phrase. Auch während der späteren Ausgrabungen auf Hissarlik verachtete er die frischeren Quellen in der Nähe und ließ für seine Person das Wasser so lange aus dem Skamander schöpfen, bis er durch wiederkehrende Fieberanfälle die Schädlichkeit desselben an sich erfuhr.

Also Bunarbaschi war Troja nicht. Wohl aber liegt nur eine Stunde vom Hellespont entfernt und von allen in Frage kommenden Punkten am weitesten dem Meer zu vorgeschoben der niedrige Hügel von Hissarlik, der letzte Ausläufer des Plateaus, welches die Täler zweier Flüsse trennt, wie sie die Ilias voraussetzt, des Skamander und des Simois. »Sowie man den Fuß auf die trojanische Ebene setzt, wird man sofort beim Anblick des schönen Hügels von Hissarlik von Erstaunen ergriffen, der von der Natur dazu bestimmt zu sein scheint, eine große Stadt mit ihrer Zitadelle zu tragen. In der Tat würde diese Stellung, wenn sie gut befestigt wäre, die ganze Ebene von Troja beherrschen, und in der ganzen Landschaft ist kein Punkt, der mit diesem verglichen werden kann.« Von der niederen Höhe schweift der Blick über die Fluren und sanften Hügelketten entlang der Küste, weiter über das Meer hin zu dem Götterberg der Insel Samothrake und landeinwärts zum Ida. Eine Burg hier oben ließ sich, wie es in der Ilias geschieht, als in der Ebene gelegen bezeichnen. Von hier, von der Plattform des Skäischen Tores herab mochten Priamos und Helena die wogenden Reihen der Griechenscharen auf dem Schlachtfeld überschauen und deren wohlbekannte Führer erkennen; von hier aus konnte die Stille der Nacht den Schall der troischen Siegeslieder hinübertragen bis zum Lager des Agamemnon am Meere.

Der Boden des Hügels von Hissarlik gehörte und gehört noch heute fast zur Hälfte Herrn Frank Calvert, dem amerikanischen Konsul in den Dardanellen. Dieser hatte in einer seiner vielen gelegentlichen Grabungen im Gebiete der Troas festgestellt, daß erst der Verfall von Tempeln und größeren Bauten spätgriechischer und römischer Zeit die heutige Ausdehnung des Hügels bewirkt habe. Es war dadurch gesichert, daß hier die Stelle der späten Neugründung Ilions lag. Daß im Kern des Hügels die Burg des Priamos stecken könne, war die Überzeugung Calverts, welcher sich darin einigen vereinzelt gebliebenen Gelehrten anschloß. Durch die eigene Arbeit davon überführt, daß die herrschende Ansetzung bei Bunarbaschi aufzugeben sei, und durchdrungen, daß nur auf diesen Platz die Szene der Ilias passe, nahm Schliemann den Gedanken Calverts auf und schrieb in dem Werk »Ithaka, der Peloponnes und Troja«, welches er Anfang 1869 veröffentlichte: »Um zu den Ruinen der Paläste des Priamos und seiner Söhne sowie zu denen der Tempel der Minerva und des Apollo zu gelangen, wird man den ganzen künstlichen Teil dieses Hügels fortschaffen müssen. Alsdann wird sich sicherlich ergeben, daß die Zitadelle von Troja sich noch eine bedeutende Strecke über das anstoßende Plateau ausdehnte; denn die Ruinen vom Palast des Odysseus, von Tiryns und von der Zitadelle in Mykenä sowie die große Schatzkammer Agamemnons beweisen deutlich, daß die Bauwerke des heroischen Zeitalters große Ausdehnungen hatten.« Wie viele Reisende waren durch die Landschaft gezogen, um den Kampfplatz von Achill und Hektor zu sehen! Aber ihre Forschungen waren bei einfacher Besichtigung der Gegend sozusagen an der Oberfläche geblieben. Schliemann verlieh der Glaube an Homer das sichere Vertrauen, daß eine auf den Grund gehende Ausgrabung die Trümmer der homerischen Welt uns vor die Augen stellen müsse. Die große Aufgabe, die sich hier bot, zu lösen, erfüllte ihn von nun an voll und ganz.

Ein Exemplar seines Reiseberichts nebst einer altgriechisch geschriebenen Dissertation sandte er an die Universität seines mecklenburgischen Vaterlandes, Rostock, und diese erteilte ihm dafür die philosophische Doktorwürde.

3. Troja

1871 – 1873

Leben in Hissarlik – Die ersten Ziele der Ausgrabung – Vasenfunde – Prähistorische Funde – Entdeckung der Burgmauer – Auffindung des Schatzes

Am 11. Oktober 1871 eröffnete Schliemann die erste seiner vier großen Ausgrabungsperioden auf dem Hügel von Hissarlik, nachdem ihm der Ferman der Hohen Pforte dazu durch die Vermittlung der Gesandtschaft der Vereinigten Staaten in Konstantinopel ausgewirkt war. Bis 1873, wo er das Werk von seiner Seite zunächst vollendet glaubte, hat er im ganzen elf Monate an der Aufdeckung Trojas gearbeitet, nur darin unterbrochen von der Kälte des Winters und der gesundheitsschädlichen Hitze des Hochsommers. Wenn man noch von dieser Zeit die zahlreichen griechischen und türkischen Feiertage, welche die gemischte Bevölkerung jener Gegend gewissenhaft beobachtet, und die Regentage im Frühling und Herbst abzieht, so leuchtet es ein, daß die gewaltigen Gräben, die er von allen Seiten in den Hügel hinein anlegen ließ, bis zu einer so großen Ausdehnung nur gefördert werden konnten, indem der Herr des Werkes die ihm eigene Ausdauer auch von seinen Untergebenen zu fordern wußte.

Schon im Jahre zuvor war er einmal nach Hissarlik zurückgekehrt und hatte den Spaten angesetzt, aber übertriebene Entschädigungsansprüche, welche die türkischen Eigentümer des Gebietes erhoben, ferner das Ansinnen, sofort nach der Ausgrabung die Gräben zuzuschütten, damit der Platz wiederum als Schafweide dienen könnte, hatten ihn gezwungen, die Arbeiten einzustellen, nachdem er erst fünf Meter tief in den Schutt hineingegraben und nur eine spätgriechische Mauer gefunden hatte.

Er kam von Athen nicht allein zur »heiligen Ilios«. »Ich begab mich«, wie er schreibt, »dorthin in Begleitung meiner Frau, Sophie Schliemann, die, eine Griechin, aus Athen gebürtig, und eine warme Bewunderin des Homer, mit freudigster Begeisterung an der Ausführung des großen Werkes teilnahm.« Sie mußten zunächst ihr Quartier in einer Lehmhütte des Türkendorfes Tschiblak nehmen, dann aber bauten sie auf die Höhe des Priamos selbst, wo zu ihren Füßen die Mauern seines Palastes wiedererstehen sollten, ein paar einfache Holzhäuser als Wohnstätten für sich und die Aufseher und zeitweise für einen Ingenieur und einen Zeichner. Auf der luftigen Höhe blies der Wind, sie wurden es inne, daß es kein leeres Beiwort war, wenn ihr Homer die Ilios ηνεμόεσσα genannt; in den Wintermonaten führte der von Thrakien her wehende Boreas eisige Kälte mit sich, so daß sie »um sich zu erwärmen weiter nichts hatten als den Enthusiasmus für das große Werk der Aufdeckung Trojas«. Aber im Sommer brachte die frische Brise von der See her ersehnte Kühlung und reinigte die Luft von den Fieberdünsten, welche aus der von brütender Hitze bedrückten Ebene und deren Sümpfen emporstiegen. Unten auf der nahen Dardanellenstraße zogen Tag für Tag die großen Dampfer vom Mittelländischen zum Schwarzen Meer hin und her, während dort oben, abgeschieden von diesem Weltverkehr, die beiden geschäftig waren, die Zeugen für die älteste Geschichte der klassischen Länder zu erwecken. Von den niederen Höhenrücken am Meere sahen ihnen die Grabhügel zu, welche stolze Geschlechter über den Leichnamen des Achill und des Patroklos, des Aias und troischer Fürsten aufführen ließen. Auch an jene Denkmäler sollte die Frage nach ihrem Inhalt gestellt werden. Wenn die Sonne den ersten Strahl über die Höhen des Ida sandte, so strömten aus den ringsumliegenden Dörfern stundenweit her Griechen und Türken in ihrer bunten Tracht zu Fuß und zu Esel zusammen, um sich dem Herrn der Ausgrabung zu stellen. Die Verlesung ihrer Liste bot die Gelegenheit, den einzelnen mit gutem Humor anzusprechen und ihn in vergnügter Stimmung ans Werk zu schicken. Viele der Arbeiter hatten ihre besonderen, stets Heiterkeit erregenden Namen. Schliemann selbst sagt darüber: »Da ich bei meinen vielen Arbeitern nicht die Namen aller meiner Arbeiter im Gedächtnis behalten kann, so nenne ich sie je nach ihrem mehr oder weniger gottesfürchtigen, militärischen oder gelehrten Aussehen: Derwisch, Mönch, Pilgrim, Korporal, Doktor, Schulmeister usw., und kaum habe ich einen solchen Namen gegeben, so wird der gute Mann von allen bei demselben so genannt, solange er bei mir ist. Auf diese Weise habe ich viele Doktoren, von denen keiner lesen und schreiben kann.« Die ihm Vertrauteren unter den Griechen erhielten volltönende homerische Namen wie Agamemnon, Laomedon, Äneas. Mancher armselige Türke wurde in seinem Dienste zum Pascha und Effendi erhoben. Die Zahl der Arbeiter schwankte in dieser ersten Ausgrabungsperiode zwischen 100 und 150. Zu ihrer Leitung und dringend nötigen Beaufsichtigung dienten drei Aufseher. Aber Schliemann verließ sich nicht auf diese allein, er selbst war überall zur Stelle und trieb an, da ihm das Werk niemals rasch genug in die Tiefe fortschritt. Auch Frau Schliemann übernahm den Befehl über einen Trupp von 30 bis 40 Arbeitern. Wo aber eine besonders schwierige und wertvolle Aufgabe sich darbot, wo es galt, aus der Schuttmasse einen zerbrechlichen Gegenstand heil herauszulösen, da griffen sie selbst unermüdlich zum Werkzeug. Der Europäer, welcher durch die in ihrer dumpfen Einsamkeit beschränkte Gegend reist, wird schnell zum Mittelpunkt des allgemeinen Interesses, und seiner höheren Einsicht werden alle möglichen Fragen zur Begutachtung vorgelegt. Wieviel Mehr mußte nun dieses eifrige Paar die Aufmerksamkeit der ganzen Umgegend erregen, welches Tag für Tag dort in dem Berge nach den verborgenen Schätzen suchte und die Erinnerung an die verklungene Sage von großen Königen, die hier geherrscht, bei den Bewohnern des Landstriches wieder wachrief! Es war nicht die Neugier allein, welche für die Leute von Neochori, Jenischehr, Renkoi den Hügel Hissarlik zum Wallfahrtsort machte, sondern auch die wirkungsvollen Kuren, durch welche der »Effendi Schliemann« mit den ihm zu Gebote stehenden Arzneien die Kranken heilte. Rizinus, Arnika und Chinin, eines von den dreien bewährte sich bei jedem oder wenigstens es schlug besser an als die wahnsinnigen Aderlässe, welche die Heilkunstbeflissenen der Dörfer bei jedem Anlaß verordneten. Später freilich, als Virchow sich in Troja aufhielt, wurde Schliemanns ärztlicher Ruhm überboten. Virchow selbst hat in einem Anhang zu »Ilios« seine Praxis dort anschaulich geschildert. Er heißt noch heute in Troja »der große Arzt«, ο μεγάλος ιατρός im Gegensatz zu Schliemann, welchen man den Effendi ιατρός nennt.

Was wollte Schliemann in dem Berge finden? Er hoffte der zivilisierten Welt den Beweis, an welchem niemand rütteln könne, aus den Trümmern selbst zu erbringen, daß die alte griechische Sage vom zehnjährigen Kampfe um Troja Wahrheit sei und Homer treu und ehrlich die Königsburg des Priamos geschildert habe. Der Beginn seiner Arbeit wurde bestimmt durch die Absicht, den Tempel der ilischen Athena, wo die Königin Hekabe und die troischen Frauen den Segen der Göttin auf ihre Stadt herabgefleht hatten, und die Festungsmauern der Pergamos, ein Werk des Poseidon und Apollon, aufzudecken. Den Tempel der Athena dachte er sich in der Mitte der Höhe auf der höchsten Spitze. Die Mauern des Poseidon aber, überdeckt vom Schutt der Jahrtausende, mußten um die Höhe herumlaufen und auf den Urboden gegründet sein. Denn daß vor dieser Gründung des Fürstensitzes der Hügel unbewohnt gewesen, schien aus den Worten Homers hervorzugehen. Im 20. Gesange der Ilias heißt es, daß noch zu den Zeiten des Königs Dardanos, des sechsten Ahnen des Priamos, der Stamm der Troer mehr im Innern des Landes, am Fuß des fichtenreichen Ida, gewohnt habe.

Hissarlik von Westen.

Der Hügel Hissarlik bildete vor der Ausgrabung ein Oval von etwa 200 Meter Länge zu 150 Meter Breite. Gegen Norden und Westen fällt er steil in die Täler des Mendere und Dumbresku ab, im Süden und Osten geht er zu dem Plateau, dessen äußerstes Kap er ist, in sanfter Abflachung über. Durch diesen Hügel wollte Schliemann in der Mittelachse einen Durchstich machen, von Norden nach Süden, da er so am kürzesten den Berg durchquerte und in der Mitte desselben den Tempel aufzufinden hoffte. Als er nun mit Hacke und Spaten seinen breiten Graben von Norden her anzulegen begann, stieß er zuerst bis zu einer Tiefe von 2 Meter auf spätgriechische Grundmauern aus großen Quadern, welche zu einem etwa 20 Meter langen und 14 Meter breiten Gebäude gehörten. Die Inschriften, die dabei gefunden wurden, schienen es als ein Rathaus, ein Buleuterion, frühestens aus der Zeit des Lysimachos zu bezeichnen, desjenigen Fürsten, welcher vom Reiche Alexanders des Großen die Teile zu beiden Seiten des Hellespont regierte. Durch ihn war das vorher stark verfallene Ilion wieder mit einer mächtigen Ringmauer versehen und durch Übersiedlung der Bewohner mehrerer umliegender Städtchen zu einem bedeutenden Gemeinwesen erhoben worden. Da aber das feste Ziel Schliemanns das auf den Urboden gegründete Troja war, so fühlte er sich gezwungen, die Mauern dieses spätgriechischen Gebäudes abzureißen.

Bis zu welcher Tiefe die Arbeiten vordringen mußten, um zu dem Urboden zu gelangen, sollte ein Brunnen lehren, dessen Mündung sich 2 Meter unter der heutigen Oberfläche zeigte. Er konnte erst aus den Zeiten des römischen Ilion stammen, da er aus mit Kalk verbundenen Blöcken gebaut war. Man räumte ihn aus, und siehe da, bis zu einer Tiefe von 17 Metern reichte das Mauerwerk hinab, hier erst ging der Brunnen in den Felsen über. Ein kleiner, vom Grunde des Brunnens aus angelegter Tunnel lehrte, daß in dieser erstaunlichen Tiefe nahe über dem Felsboden noch Hausmauern zu finden seien. Welch eine Geschichte mußte dieser Berg gehabt haben, wie viele Geschlechter hatten wieder und wieder ihn besiedelt und waren vergangen, damit über den Trümmern ihrer Wohnungen die späten Nachkommen, welche gleich den Vorfahren die Vorteile dieser die Ebene einzig beherrschenden Höhe erkannten, ihre Wohnungen gründeten! Es lag offen, daß dort unten ein tiefes Geheimnis verborgen ruhte; welcher Art es war, zu enthüllen, kostete einen gewaltigen Aufwand an Arbeit und Geldmitteln, aber Schliemann scheute nicht davor zurück. »Die Schwierigkeiten«, schrieb er, »vermehren nur mein Verlangen, das endlich vor mir liegende große Ziel zu erreichen und zu beweisen, daß die Ilias auf Tatsachen beruht und daß der großen griechischen Nation diese Krone ihres Ruhmes nicht genommen werden darf. Keine Mühe will ich sparen, keine Kosten will ich scheuen, dahin zu kommen.« Der Beweis, daß auf dieser Höhe ganz andere Schätze zu finden seien als in Bunarbaschi, war durch die Feststellung der Tiefe des Ansiedlungsschuttes erbracht.

Bemalte Tonscherbe aus etwa 1,5 m Tiefe.

Es begreift sich, daß sich des Entdeckers eine mächtige Erregung und Ungeduld bemeisterte, immer näher dem verdeckten Urboden zu gelangen, von welchem er die Bestätigung seiner homerischen Phantasien ersehnte. Er beseitigte daher, was sich ihm auf dem Wege dazu entgegenstellte. Unter den Fundamenten der hellenistischen und römischen Gebäude stieß die Hacke der Arbeiter eine Weile nur auf dürftiges Gemäuer aus lose aufeinandergelagerten kleineren Steinen. Vereinzelte Vasenscherben mit Malereien in der Weise der griechischen Tongefäße des sechsten bis vierten vorchristlichen Jahrhunderts, die sich dabei fanden, bewiesen ihm nur, daß die Arbeit immer tiefer vordringen müsse. Als diese Fundschichten in einer Tiefe von 4 bis 5 Meter überwunden waren, stieß man auf Funde ganz anderer Art. Der Boden war durchsetzt mit zerbrochenem Tongeschirr, aber statt der schön geschwungenen Formen und der bunt aufgemalten Ornamente griechischer Vasen waren es Gefäße, deren einziger Schmuck in einem eigentümlichen Glanz bestand, der den einfarbig gelassenen grauen oder schwarzen, roten oder gelben Ton gleichmäßig überzog. Wenn die Malereien, in denen der griechische Töpfer die Heldensage seines Volles nicht müde wurde zu erzählen, an diesem Geschirr fehlten, hatten sich statt dessen die Verfertiger der hier gefundenen Gefäße in der Bildung eigentümlich bizarrer Formen des Ganzen gefallen. Kugelförmige Kannen mit übertrieben schlankem, schnabelförmigem Halse, mehrfach nicht einzeln gebildet, sondern zu zweien verkoppelt, schlanke Becher mit zwei ausladenden Henkeln, in welchen der Entdecker die von Homer oft genannte Form des δέπας αμφικύπελλον begrüßte, umfangreiche ovale Becken von gegen zwei Meter Durchmesser, ferner Tonkrüge, so gewaltig, daß in einem solchen bequem einer der Arbeiter als moderner Diogenes sein Nachtlager aufschlagen konnte, und neben derartigen Kolossen, welche eben durch ihre Ausdehnung bereits Achtung vor dem Können ihrer Verfertiger einflößten, wieder kleinstes, zierliches Gerät aus dem besten Ton für zarten Gebrauch hergerichtet. Daß all dieses Geschirr aus einem sehr hohen Altertum stammte, ging nicht allein aus der Tiefe der Fundschicht hervor: es war zum guten Teil wie die prähistorischen Funde anderer Gegenden noch nicht mittels der Töpferscheibe hergestellt, sondern mit der Hand geformt; die Gefäße waren noch nicht von dem Formgefühl der Griechen durchdrungen, welche später lehrten, wie der Körper des Gefäßes von einem freitragenden Fuße emporgehoben wird und wie aus dem Körper heraus die Linien der Mündung und der Handhaben sich entwickeln.

Glänzend schwarzer Becher
aus etwa 10 m Tiefe.

Was hier gefunden wurde, hatte rohere Gestalt. Der kugelförmige Körper des Kruges saß unmittelbar auf dem Boden auf; wenn ein Fuß hinzugefügt wurde, so geschah es in der Form, daß man drei ungegliederte Stützen an den Körper anstoßen ließ. Der Henkel aber wurde vielfach so gestaltet, daß man einen Klumpen Ton an das Gefäß andrückte und diesen durchbohrte, um eine Schnur hindurchzuziehen. Indes bei aller Roheit bewies doch schon die Mannigfaltigkeit von Form und Farbe und ihre häufig ausgezeichnet sorgfältige Herstellung, daß es Reste der Kultur eines hochentwickelten Volkes waren.

Tonvase
aus etwa 9 m Tiefe.

Aber welches Volkes? Die Wissenschaft konnte aus diesen Denkmälern heraus kaum auf die Frage eine runde Antwort geben, denn was hier zum Vorschein kam, war Neues, Unerhörtes. Die Phantasie des Entdeckers suchte die Antwort in seinem Homer.

Die sonderbarsten unter den Krügen, die er gefunden, waren solche, an deren Mündung in altertümlichster Weise ein Paar große runde Augen, die Nase, der Stirnrand angegeben waren, der Deckel bildete die Form einer Mütze nach, und auf dem Körper des Gefäßes deuteten kleine Scheiben die Brustwarzen und den Nabel an. Homer nennt die Athena eulenäugig. Die Gefäße mit diesen großen runden Augen waren auf dem Platze gefunden, wo nach Homer ein Tempel der Athena gestanden.

Vase mit Deckel (Eulenkopf)
aus etwa 5 m Tiefe.

So freute sich Schliemann, in diesen Gefäßen die urältesten troischen Abbilder der eulenäugigen Göttin zu besitzen. Von der Verehrung derselben Göttin schienen ihm längliche Marmor- und Schieferplättchen Zeugnis abzulegen, da sie an ihrem oberen Ende eine ähnlich primitive Nachbildung eines Gesichtes zeigten; er faßte sie als Idole der Göttin auf. Aber wenn in diesen Denkmälern die Spuren homerischer Kultur enthalten zu sein schienen, so gaben andere Funde merkwürdige, schwerer zu erklärende Rätsel auf. Tausende von kleinen durchbohrten, kugelartigen Gegenständen aus Ton, welche die Altertumskunde zumeist als Spinnwirtel deutet, kamen im Schutte zum Vorschein. Nach vielerlei Gedanken über ihre sonderbare Form und ihre reichen eingeritzten Verzierungen hielt Schliemann sie schließlich für Weihgeschenke an die Athena, die Schützerin der Frauenarbeit; aber als er sie fand und darauf das namentlich in asiatischen Denkmälern und Kulten viel verwendete Zeichen der »Swastika« Hakenkreuz sah, erklärte er in Anlehnung an namhafte Indologen die runde Durchbohrung des Wirtels für das Zeichen der Zentralsonne unserer arischen Urväter und die darauf angebrachte Verzierung als das Symbol des heiligen Feuers. Schriftähnliche Verschnörkelungen deutete sein Freund Emile Burnouf, der damalige Direktor der französischen Archäologischen Schule in Athen, ihm zuerst als Inschriften aus einem aller bekannten griechischen Schrift voraufgegangenen gräko-asiatischen Alphabete, ja auf einer von Schliemann aufgefundenen Vase wollte er sogar nichts anderes als eine rein chinesische Inschrift erkennen. Wir wollen über diese schwierigen Probleme kein Wort für und keines dawider sagen, es soll das hier nur erwähnt werden, um die Fremdartigkeit der Welt zu schildern, vor welche den Entdecker seine Funde stellten. Sollten wirklich die rohen steinernen Werkzeuge, die Hämmer aus Diorit, die Äxte aus Nephrit, welches tief aus dem Innern von Asien geholt war, die sägenartigen Messer aus Feuerstein und was sonst jeder Tag an mannigfaltigem Geräte ans Licht brachte, die Reste des glanzvollen Reiches des Priamos und seiner kunstfertigen Untertanen sein?

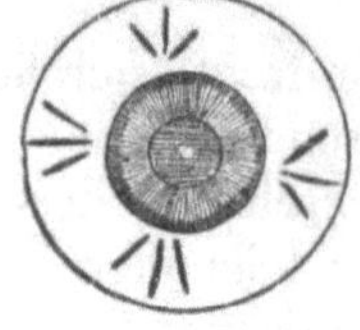

Spinnwirtel aus Ton.

Solche Zweifel mußten vielfach auf den erregten Sinn des Finders eindringen, aber entmutigen konnten sie ihn nicht.

Als sich ihm diese primitive Kultur zum erstenmal darstellt, schreibt er: »Meine Ansprüche sind höchst bescheiden; plastische Kunstwerke zu finden hoffe ich nicht. Der einzige Zweck meiner Ausgrabungen war ja von Anfang an nur Troja aufzufinden, über dessen Baustelle von hundert Gelehrten hundert Werke geschrieben worden sind, die aber noch niemals jemand versucht hat durch Ausgrabungen ans Licht zu bringen. Wenn mir nun dies nicht gelingen sollte, dann würde ich doch überaus zufrieden sein, wenn es mir nur gelänge, durch meine Arbeiten bis in das tiefste Dunkel der vorhistorischen Zeit vorzudringen und die Wissenschaft zu bereichern durch die Aufdeckung einiger interessanten Seiten aus der urältesten Geschichte des großen hellenischen Volkes. Die Auffindung der Steinperiode, anstatt mich zu entmutigen, hat mich daher nur noch begieriger gemacht, bis zu der Stelle vorzudringen, die von den ersten hierhergekommenen Menschen betreten worden ist, und ich will bis dahin gelangen, sollte ich selbst noch 50 Fuß zu graben haben.«

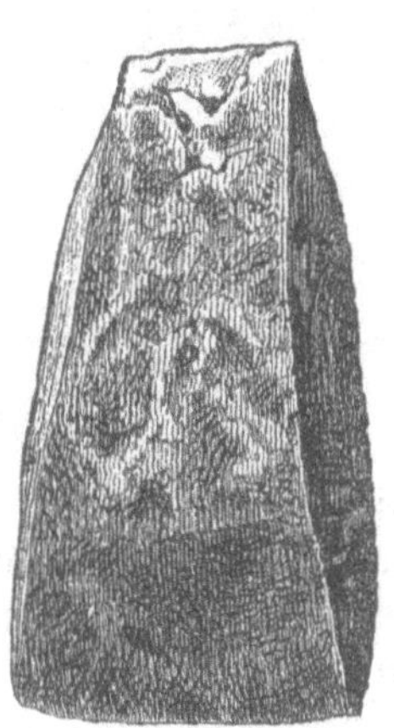

Axt aus grünem Nephrit aus etwa 14 m Tiefe.

Streitaxt aus grauem Diorit aus etwa 14 m Tiefe.

Immer tiefer schnitten seine Gräben in den Schuttberg ein, immer schwieriger wurde es, aus einer Tiefe von 10 und mehr Meter heraus den durchsuchten Schutt wegzuschaffen, immer gefährlicher wurde die Arbeit im Grunde zwischen den hochragenden lockeren Erdwänden. Nur wie durch ein Wunder wurden sechs Arbeiter gerettet, welche einmal eine niederstürzende Erdwand verschüttet hatte. Man hatte eine große, mit Asche und zahlreichen andern Brandspuren durchsetzte Schicht durchgraben, aber an Mauern war nichts Wesentliches bemerkt worden. Lockeres Geröll von Steinen wurde fortgeschafft; daß es die Burgmauer der Pergamos gewesen, sollte erst klarwerden, als man an andern Stellen das Wesen dieser rohen, aus unbehauenen Blöcken aufgeführten Banken erkannte.

Metope des Athenatempels aus etwa 1 m Tiefe.

Als der große Graben, welcher in der kurzen Mittelachse der Anhöhe zuerst nur von Norden her angelegt war, die ersehnten Grundmauern des Tempels der ilischen Athena nicht ans Licht förderte, ging Schliemann daran, auch von andern Seiten aus gegen die Mitte hin seine Gräben zu richten. Er hatte die Erlaubnis des Herrn Calvert erhalten, auch auf dessen Grundstück graben zu dürfen, und kaum waren hier im Nordwesten die Arbeiten begonnen, als man nahe der Oberfläche auf eine schöne Reliefplatte stieß. Sie zeigte den Sonnengott Helios in wehendem Gewände, den Strahlenkranz um das Haupt, wie er des Morgens auf sprengendem Viergespann am Firmamente hinaufzieht. Wichtiger noch als diese schöne Skulptur, welche als ein Rest des in hellenistischer Zeit erbauten Tempels der Athena gilt, waren die Entdeckungen, welche sich im Süden und Südwesten ergaben. Im Süden, 60 Meter in den Abhang des Hügels hinein, waren die Arbeiter auf eine mächtige Mauer geraten, welche sich in gewaltiger Dicke unmittelbar auf dem Felsboden erhob und mäßig geböscht noch bis zu einer Höhe von 6 Meter aufragte; die Trümmer um sie herum bewiesen, daß sie einst noch trotziger dagestanden hatte. Ihre Bauart aus unbehauenen, lose übereinanderliegenden Steinen, deren Fugen nur durch Erde ausgefüllt waren, entsprach dem höchsten Altertum, ebenso wie ihre Stelle selbst und die Gegenstände, welche ringsum gefunden wurden. Rechts und links ließ sie sich weiter verfolgen. Auf den Urboden war sie gegründet; wenn irgendeine Mauer, so mußte sie die Ringmauer der Pergamos sein, das Werk, welches Poseidon und Apollon im Dienste des troischen Königs aufgeführt haben sollten. Die 15 Meter hohen Schuttmassen wurden fortgeräumt, um den Zug der Mauer weiter aufzudecken, und nachdem man 30 Meter vorgedrungen war, stieß man im Südwesten des Hügels auf eine breite stattliche Rampe, welche zu der Höhe der Mauer emporführte. Um ihre großen Fußbodenplatten vor der Habgier der Eingeborenen zu schützen, welche unbewacht jedes antike Bauwerk abtragen, da es das beste Baumaterial hergibt, verbreitete Schliemann unter seinen Arbeitern die Legende, Christus sei diesen Weg zum Schlosse des Königs Priamos hinaufgezogen. So viel war daran wahr, daß dieser bei aller altertümlichen Roheit majestätische Aufgang zum Burgtore und weiterhin zum Palaste des Herrschers führen mußte. Die hundert Arbeiter, welche nun Schliemann an diesem Punkte versammelte, um den Weg dazu zu bahnen, gruben durch Massen von verbrannter Tonerde – daß sie die Luftziegel vom Oberbau der Burgmauer und des Tores waren, sollte sich später herausstellen – und dadurch wurde der Beweis erbracht, daß diese feste Burg einst in einer großen Feuersbrunst zugrunde gegangen war. Das also war das zerstörte Troja! Hier auf diesem Tore hatte den trojanischen Greisen die Schönste der Frauen, um deren Besitz der zehnjährige Kampf tobte, die Heldengestalten ihrer gottentstammten Feinde gewiesen, hier war das Skäische

Tor! Alle aufgewandte Ausdauer, alle ertragene Mühe hatte gelohnt, die Begeisterung für die alte Sage, die durch ihn Wirklichkeit zu werden schien, triumphierte in der Brust des Entdeckers. »Möge dies heilige, erhabene Denkmal von Griechenlands Heldenruhm«, so schrieb er damals, »fortan auf ewige Zeiten die Blicke der durch den Hellespont Fahrenden fesseln, möge es ein Wallfahrtsort werden für die wißbegierige Jugend aller künftigen Generationen und sie begeistern für die Wissenschaft, besonders für die herrliche griechische Sprache und Literatur.« »Möge es«, fuhr er fort, »die Veranlassung werden zur baldigen vollständigen Aufdeckung von Trojas Ringmauern, die notwendigerweise mit diesem Turme, höchstwahrscheinlich auch mit der auf der Nordseite von mir bloßgelegten Mauer in Verbindung stehen müssen und deren Aufdeckung jetzt sehr leicht ist.«

Rampe und Mauer der zweitältesten Ansiedlung von Troja.

Ihn selbst trieb es vorerst, das Innere der Burg kennenzulernen, in welcher allenthalben die Spuren des Brandes begegneten. Als nun nicht weit von dem Tore die dürftigen Mauern eines Hauses zum Vorschein kamen, welches aus mehreren, doch nicht eben großen Gemächern bestand, so führte ihn die Lage zu dem Tore darauf, daß dieses Gebäude das Haus des Priamos selbst sein müsse. Erst in spätern Jahren zeigte es sich, daß das Haus schon über den Trümmern der zweiten, der verbrannten Stadt angelegt war und daß die Paläste der Pergamos ein weit stattlicheres Aussehen hatten. Zunächst sollte noch ein neuer unerwarteter Fund in der Nähe dieses Gebäudes jene Annahme scheinbar bestätigen. Das war der große vielbesprochene »trojanische Schatz«.

Goldener Schieber aus etwa 8 m Tiefe.

Scheibe aus Goldblech aus etwa 5 m Tiefe.

Goldenes Ohrgehänge aus etwa 8—10 m Tiefe.

Goldenes Armband aus etwa 8 m Tiefe.

Ein Graben von Westen her war im Mai 1873 nach Durchbrechung verschiedener Ringmauern auf die Fortsetzung der großen Pergamosbefestigung gestoßen. »Während wir«, so erzählt Schliemann, »an dieser Umfassungsmauer vordrangen und immer mehr von ihr aufdeckten, traf ich dicht neben dem alten Hause, etwas nordwestlich von dem Tore, auf einen großen kupfernen

Gegenstand von sehr merkwürdiger Form, der sogleich meine ganze Aufmerksamkeit um so mehr auf sich zog, als ich glaubte, Gold dahinter schimmern zu sehen. Auf dem Kupfergeräte aber lag eine steinharte, 5 Fuß starke Schicht rötlicher und brauner kalzinierter Trümmer, und über dieser wieder zog sich die 5 Fuß dicke und 20 Fuß hohe Befestigungsmauer hin, die kurz nach der Zerstörung Trojas errichtet sein muß.

Becher aus Gold aus etwa 8,5 m Tiefe.

Wollte ich den wertvollen Fund für die Altertumswissenschaft retten, so war es zunächst geboten, ihn mit größter Eile und Vorsicht vor der Habgier meiner Arbeiter in Sicherheit zu bringen: deshalb ließ ich denn, obgleich es noch nicht die Zeit der Frühstückspause war, unverzüglich zur Pause rufen. Während nun meine Leute durch Ausruhen und Essen in Anspruch genommen waren, löste ich den Schatz mit einem großen Messer aus seiner steinharten Umgebung, ein Unternehmen, das die größte Anstrengung erforderte und zugleich im höchsten Maße lebensgefährlich war, denn die große Befestigungsmauer, unter welcher ich graben mußte, drohte jeden Augenblick auf mich herabzustürzen. Aber der Anblick so zahlreicher Gegenstände, deren jeder einzelne für die Archäologie von unschätzbarem Werte sein mußte, machte mich tollkühn und ließ mich an die Gefahr gar nicht denken. Doch würde trotzdem die Fortschaffung des Schatzes mir nicht geglückt sein, wenn nicht meine Gattin mir dabei behilflich gewesen wäre; sie stand, während ich arbeitete, neben mir, immer bereit, die von mir ausgegrabenen Gegenstände in ihren Schal zu packen und fortzutragen.« Pfundschwere goldene Becher, große silberne

Kannen, goldene Diademe, Armbänder, Halsketten, aus Tausenden von Goldblättchen mühsam zusammengeheftet, das konnte nur der prunkhafte Besitz eines mächtigen Herrschers über dieses Land gewesen sein.

Kaum je sind Träume einer phantasievollen Jugend so glänzend erfüllt worden. Was sein Homer besungen, das meinte der Entdecker nach jahrelangem Trachten jetzt mit Händen zu greifen. Er hatte in Priams stolzer Feste geweilt, Schätze des unglücklichen Königs nannte er nun sein eigen. Nach solchen Erfolgen überkam ihn ein Gefühl der Sättigung; er stellte am 17. Juni 1873, wie er meinte für immer, die Arbeiten ein und kehrte mit seinen Funden nach Athen zurück. Sofort machte er sich an die Veröffentlichung derselben. Bereits Neujahr 1874 war sein Buch »Trojanische Altertümer« abgeschlossen, in dem er im wesentlichen die Berichte zusammenfaßte, welche er von Hissarlik aus an die »Times« gesandt hatte. Dem Buche war ein Atlas von über 200 photographischen Tafeln beigefügt, welche Ansichten von den Ausgrabungen und deren Funden enthielten.

Mykenä und der Berg des heiligen Elias.

4. Mykenä

(1874 – 1878)

Lage von Mykenä – Prozeß mit der Hohen Pforte – Ausgrabung in einem Kuppelgrab – Die großen Schachtgräber – Zeit der mykenischen Gräber – Das Buch »Mykenae«

Im Peloponnes, im äußersten Winkel des Tales von Argos, da, wo die Straßen ausgehen, um über die Berge nach Korinth zu gelangen, lag Mykenä. Über einem schmalen Tale zwischen zwei mächtigen Felskuppen war die Burg der Fürsten auf einer beherrschenden Höhe gegründet, so fest, aus so ungefügen Steinblöcken, daß ihre Mauern schon den Hellenen der klassischen Zeit als ein übermenschliches Werk des Volkes der Kyklopen erschienen. Der Sage nach hatten zuerst Perseus und sein Geschlecht, dann die Nachkommen des der Halbinsel den Namen gebenden Pelops, Atreus und Agamemnon, von hier aus das Land regiert. Aber sehr frühzeitig und noch vor der Epoche, in welcher die Ereignisse der Geschichte sich auf einzelne Jahre und Jahrzehnte fixieren lassen, ist zugunsten der Stadt Argos Mykenäs Glanz verblichen. Was die Paläste der Könige an Kostbarkeiten enthielten, wurde bis auf wenige im Staub verschwundene Splitter fortgeführt, allein das wertlose und beschädigte Tongeschirr, welches massenhaft die Stätte bedeckte, fand bei den Bewohnern der kleinen Ansiedelung, die sich dort oben erhielt, keine Beachtung. Der Oberbau der Paläste verfiel, die Trümmer bildeten eine gleichmäßige Schuttmasse, über welcher Jahrhunderte danach ein griechischer Tempel sich erhob. Nur die Blöcke der Ringmauern, obwohl sie keine Klammer und kein Mörtel im Innern verband, trotzten durch ihre Größe und Schwere aller Zerstörung und blieben zusammen mit den unterirdischen, in die Berge eingeschnittenen, kuppelförmig zugehenden Gräbern für Altertum und Gegenwart die staunenerregenden Zeugen einer altertümlichen fremdartigen Pracht. Diese wohlgefugten Mauern von zwei und mehr Meter langen Steinen waren von ganz anderer Natur als die von Troja, in denen der Entdecker das Skäische Tor des Priamos erkannt hatte. Während dort für die kleinen losen Blöcke die Gefahr bestand, daß die modernen Bewohner mit leichter Mühe, wofern sie unbewacht blieben, dieselben fortnehmen könnten, hatte keine Barbarei an der Mächtigkeit der mykenischen Reste zu rütteln vermocht. Kaum hatte nun Schliemann die Arbeiten von Hissarlik fürs erste abgeschlossen, als es ihn, erfüllt von seiner Entdeckung der Wohnstätte des Priamos, drängte, den Sitz des mächtigsten Feindes des troischen Königs, das goldreiche Mykenä, wie es Homer pries, vom Schutte zu befreien.

Ausgang Februar 1874 finden wir Schliemann bereits damit beschäftigt, versuchsweise durch Anlegung von Schächten auf der Akropolis von Mykenä die Schuttiefe festzustellen. In seinem damals französisch geschriebenen Tagebuche notiert er am zweiten Tage den Fund eines kleinen altertümlichen Kuhkopfes aus Ton, und wie er in Troja in den Gesichtsurnen die Züge der eulenäugigen Athena herauserkannt, so fragt er sich an diesem Tage bereits »serait-ce une idole de Junon βοω῀πις?« Er ging dann noch einen Tag mit zwei Arbeitern zum Heräon, dem uralten Tempel der Schutzgöttin von Argos, Hera; im Tagebuche schreibt er darüber: »Il faisait très froid; de mes deux ouvrierz l'un avait Ia fièvre et ne voulait pas travailler, l'autre travaillait au commencement mais ne voulait pas continuer à cause du froid; je devais donc travailler seul.»

Nach Athen zurückgekehrt, erfuhr er, daß die türkische Regierung ein Gerichtsverfahren gegen ihn angestrengt hatte, mit dem Anspruche, die Hälfte der in Troja gemachten Funde ausgeliefert zu erhalten. Die Berechtigung dieses Anspruchs war zweifelhaft; mit allen seinen Phantasien hing der Entdecker an den Früchten seiner mühevollen Arbeit, und nun sollte er die Hälfte davon nach Konstantinopel fortgeben, wo damals noch keineswegs in dem Maße wie heutzutage die Aussicht vorhanden war, daß die Funde in einem geordneten Museum der Forschung zugänglich sein würden. Über den Verlauf des Prozesses und der weiteren Verhandlungen wegen Fortführung der Ausgrabungen in Troja berichtet er:

»Der Prozeß wurde ein Jahr lang geführt und endigte mit einer Entscheidung des Gerichtshofes, zufolge deren mir die Zahlung einer Entschädigungssumme von 10000 Frank an die türkische Regierung auferlegt wurde. Anstatt dieser 10000 Frank nun übersandte ich im April 1875 dem türkischen Minister für Volksaufklärung die Summe von 50000 Frank zur Verwendung für das kaiserliche Museum. In meinem Begleitschreiben sprach ich es als meinen lebhaften Wunsch aus, mit den Behörden des türkischen Reiches in gutem Einvernehmen zu bleiben, und hob zugleich hervor, daß ein Mann wie ich ihnen ebenso nötig sein möchte wie sie mir. Meine Schenkung wurde von Sr. Exz. Safvet-Pascha, der damals Minister für Volksaufklärung war, in der freundlichsten Weise aufgenommen, und so konnte ich es wagen, mich gegen Ende Dezember 1875 selbst nach Konstantinopel zu begeben, um mir einen neuen Ferman zur Erforschung Trojas auszuwirken. Schon stand durch den einflußreichen Beistand meiner verehrten Freunde, Sr. Erz. des Ministerresidenten der Vereinigten Staaten, Mr. Maynard, Sr. Exz. des italienischen Gesandten, Grafen Corti, Sr. Exz. Safvet-Pascha, Sr. Exz. des Großlogotheten Aristarches-Bei, und zwar besonders durch des letzteren unermüdlichen Eifer und große Energie, die Ausfertigung meines Fermans binnen kurzem zu erwarten, als plötzlich mein Gesuch von dem Reichsrate abgewiesen wurde!

Nun übernahm es aber der Großlogothet Aristarches-Bei, mich bei Sr. Exz., dem im Juni 1876 ermordeten Raschid-Pascha, dem damaligen Minister der Auswärtigen Angelegenheiten, einzuführen, einem hochgebildeten Manne, der fünf Jahre lang Gouverneur von Syrien gewesen war. Es wurde mir nicht schwer, denselben für Troja und seine Altertümer zu begeistern; er selbst ging zu Sr. Exz. dem Großwesir Mahmud-Nedirn-Pascha, bei dem er sich auf das wärmste für mich verwendete; und es währte denn in der Tat auch nicht lange, so ordnete ein Befehl des Großwesirs an, daß mir der Ferman ohne weiteren Verzug eingehändigt werde. Es war gegen Ende April 1876, als ich endlich das wichtige

Dokument erhielt, und unverweilt begab ich mich nun nach den Dardanellen, um meine Ausgrabungen fortzusetzen. Leider aber mußte ich auch hier bei dem Generalgouverneur, Ibrahim-Pascha, auf entschiedenen Widerstand stoßen. Derselbe war mit der Fortsetzung meiner Arbeiten durchaus nicht einverstanden, und der Grund hierfür war wahrscheinlich der, daß er, seit ich im Juni 1871 die Arbeiten eingestellt, den zahlreichen Reisenden, welche meine Ausgrabungen sehen wollten, eine Art von Ferman zu erteilen pflegte, was bei Niederaufnahme meiner Arbeiten natürlich nicht mehr nötig gewesen sein würde. So wurde ich zunächst unter dem Vorwande, daß er die Bestätigung meines Fermans noch nicht erhalten habe, fast zwei Monate lang von Ibrahim-Pascha in den Dardanellen hingehalten, und als er mir dann endlich doch die Erlaubnis zum Beginn der Ausgrabungen gab, ordnete er mir in der Person eines gewissen Izzet-Effendi einen Aufseher bei, dessen einziges Amt darin bestand, mir Hindernisse in den Weg zu legen. Bald genug sah ich ein, daß es unter diesen Umständen unmöglich sein würde, mein Werk fortzusetzen; ich kehrte deshalb nach Athen zurück und schrieb von hier aus einen Brief an die ›Times‹ (derselbe wurde am 24. Juli 1876 veröffentlicht), in welchem ich das Verhalten Ibrahim-Paschas dem Urteil der zivilisierten Welt unterbreitete. Der Artikel fand seinen Weg auch in die Blätter von Konstantinopel – und infolgedessen wurde der Gouverneur im Oktober 1876 in ein anderes Wilajet versetzt.«

So kann es nach diesem Berichte erscheinen, als sei Schliemann bis Mitte 1876 ganz von den Verhandlungen für Troja in Anspruch genommen gewesen. Indessen währenddem finden wir den unermüdlichen Mann nicht nur auf einer ausgedehnten Reise durch das ganze festländische Griechenland, wo er allenthalben die berühmten Stätten besucht und in sein Reisetagebuch jeweils die Sagen des Ortes, diesmal in griechischer Sprache, einträgt; sondern zwischendurch vergleicht er in England, Deutschland und Italien die Sammlungen prähistorischer Denkmäler mit seinen trojanischen Funden, im Oktober 1875 taucht er in Sizilien auf, mit Ausgrabungen in der alten phönikischen Festung Motye beschäftigt, doch stellt er nach einigen Tagen die Arbeiten ein, da die Funde aus dem fünften vorchristlichen Jahrhundert seinen vornehmlich auf ein höheres Altertum gerichteten Sinn nicht befriedigten. Im April 1876 gräbt er, von Konstantinopel kommend, auf kurze Zeit in Kyzikos am Mamarameere, aber auch hier fesselten ihn die römischen Anlagen, auf welche er stieß, nicht länger als wenige Tage.

»Nun hatte ich«, so lautet es in dem oben ausgeschriebenen Abschnitt der Selbstbiographie Schliemanns weiter, »ungehindert meine Ausgrabungen in Troja fortsetzen können; aber gegen Ende Juli schon hatte ich die Ausgrabungen in Mykenä wieder aufgenommen und konnte jetzt diese nicht verlassen, bevor ich nicht alle Königsgräber gründlich erforscht hatte. Es ist wohlbekannt, wie wunderbar glücklich die Erfolge waren, die meine Ausgrabungen begleiteten, wie ungeheuer groß und merkwürdig die Schätze, mit denen ich die griechische Nation bereicherte. Bis in die fernste Zukunft werden Reisende aus allen Weltteilen in der griechischen Hauptstadt zusammenströmen, um im dortigen Mykenä-Museum die Ergebnisse meiner uneigennützigen Tätigkeit zu bewundern und zu studieren.«

Die Wahrheit und Richtigkeit dieser selbstbewußten Worte kann niemand in Zweifel ziehen, auch der nicht, welcher wünschen möchte, daß die Aufregung des Entdeckers oftmals mehr gezähmt gewesen wäre, damit wir über die Art und Weise, wie das reiche Mobiliar der mykenischen Gräber aufgefunden worden ist, in völliger Klarheit uns befänden. Wer hierüber urteilen will, muß freilich auch die Verhältnisse in Rechnung ziehen, welche dort an Ort und Stelle herrschten.

An drei Stellen setzten Schliemanns Arbeiten in Mykenä gleichzeitig ein. Die großen, in den Abhang des Berges außerhalb der Burg hineingebauten Kuppelräume hielt Schliemann ebenso wie der antike Baedeker Griechenlands, Pausanias, für Schatzhäuser des Pelopidenhauses. Hatte ein türkischer Pascha im Anfange dieses Jahrhunderts bei Grabungen in dem wohlerhaltenen sogenannten Schatzhause des Atreus, den Erzählungen der »ältesten Leute« nach, Schätze von Gold gefunden, so hoffte Schliemann, auf ebensolche unter dem Schutte zu stoßen, welcher einen verfallenen ähnlichen Bau, näher an der Akropolis, erfüllte. Die Grabungen dort leitete Frau Schliemann. Sie ließ in der Mitte des Innenraumes bis auf den Grund graben und in dem schmalen Zugänge zu der Tür des Grabes den Schutt soweit forträumen, als es das Auftauchen späterer Einbauten und der Einspruch des um dieselben besorgten griechischen Ephoros, Herrn Stamatakis, erlaubte. Der Gewinn der Arbeit war vor allem die Auffindung einiger architektonischer Details vom Eingange. Danach war die mächtige Tür umrahmt von einer reichen bunten Architektur. Zu ihren beiden Seiten standen gefurchte Halbsäulen aus dunkelgrauem Alabaster, diese trugen ein Sims aus blaugrauem Marmor, an welchem runde Scheiben die Balkenköpfe der hier in Stein übersetzten Holzarchitektur nachbildeten. Über dem Sims war ein in der Mauer freigelassenes Dreieck durch große Platten von rotem Marmor ausgefüllt. Goldene Schätze aber kamen hier nicht zutage. Daß die Auffassung dieser Bauten als Schatzhäuser irrig war, sollte sich endgültig ein Jahr darauf bei einer Ausgrabung in Attika zeigen, wo man in einem Kuppelgrabe die noch unberührten Leichen fand, für deren prächtige Bestattung der Bau errichtet war.

Eine zweite Aufgabe erfüllte Schliemann, indem er das im Schutt versunkene Haupttor der Burg freizulegen unternahm, über welchem die bis dahin als die ältesten Werke griechischer Bildhauerei geltenden Löwen die Wacht hielten. Wer heute zur Burg von Mykenä wandert, schreitet über die Schwelle, über die Agamemnon aus- und eingezogen ist.

Weitaus die bedeutendste und lohnendste Grabung aber war die unmittelbar hinter dem Löwentor. Schon bei seinen Versuchsgrabungen im Jahre 1874 hatte Schliemann festgestellt, daß hier an der niedrigstgelegenen Stelle der Burg der Fels am tiefsten vom Schutte bedeckt sei. Er hielt es nach den Worten des Pausanias für wahrscheinlich, daß die Gräber des Herrscherhauses innerhalb der Burgmauer lägen und mußte sich an die Worte erinnern, als bald nach Beginn der Arbeit in einer Tiefe von 3 bis 5 Meter drei Grabsteine mit hochaltertümlichen Reliefs gefunden wurden. Die Reliefs stellten zwischen vielfach verschlungenen Spiralornamenten bewaffnete Männer auf Streitwagen dar, im Kampfe oder auf der Jagd begriffen.

Bruchstück einer Grabstele.

Als er noch zwei Grabsteine dieser Art aufgefunden, trägt er unterm 27. August in sein Tagebuch ein: »These tombs can impossibly be those mentioned by Pausiianus, for when he visited Mycenae(170 A.C.) even the posterior Hellenic city had probably already nearly four centuries ago disappeared; it had left a one metre thick layer of rubbish and the lower terrace of the acropolis was just as full of rubbish as it is now. Thus the tombs were at his time burried 4–5 m deep in the rubbish just as they are now.« Indessen er fügt auch bereits hinzu: »And yet what he says abaut the tombs of Agamemnon and his companions killed by Aegystos an Clytaemnestra can leave no doubt in any body's mind that he saw all the tombs in and not outside the acropolis.« Er grub dann weiter den mit zahlreichen sehr merkwürdigen Vasenscherben durchsetzten Erdboden ringsum ab und stieß allmählich auf einen doppelten Kreis von hohen Steinplatten, der in weitem Bogen die entdeckten Grabsteine umschloß.

Der Kreis war etwa freigelegt, als die türkische Regierung Schliemann aufforderte, dem Kaiser von Brasilien Don Pedro in den Ruinen von Troja als Führer zu dienen. Schliemann reiste auf vierzehn Tage hinüber und hatte danach die Ehre, dem hohen Herrn auch seine Ausgrabungen in Mykenä zu zeigen. Inzwischen hatte die Griechische Archäologische Gesellschaft die gefundenen Grabsteine in das aus den Fundstücken im Dorfe Charvati entstehende Museum schaffen lassen. Als die Steine fortgenommen waren, da, sagt Schliemann, zeigte es sich, daß sie nicht, wie vordem angenommen, auf dem Feldboden gestanden halten, sondern auf Erdreich, welches die Schächte erfüllte, die zur Herstellung der Gräber senkrecht in den Felsen hineingetrieben waren. In fünf solche Schächte grub man hinein, und nachdem in einiger Tiefe Steinlagen beseitigt waren, welche nach der Bestattung bei den Totenopfern als Altäre gedient hatten, stieß etwa 6 Meter tief die Hacke auf den Grund. Auf dem Grunde aber lagen ausgebreitet in den fünf Gräbern an fünfzehn Leichen, angetan mit einem überreichen, man darf sagen fabelhaften Goldschmucke.

Daß dies die Gräber einer Herrscherfamilie waren, daran konnte der Glanz ihrer Ausstattung keinen Augenblick einen Zweifel lassen. Goldene Masken, welche die Züge der Verstorbenen nachbildeten, lagen über dem Antlitz der Männer, goldene Platten, reich mit Spiralen verziert, deckten die Brust, überladen mit Gold waren die Gewänder der Frauen, denn in einem Grabe, in welchem ihrer drei bestattet waren, wurden an 700 etwa fingerlange, reichgemusterte Goldplatten aufgefunden, welche, Schuppen gleich, die Kleider der fürstlichen Damen geschmückt haben müssen.

Goldmaske aus dem vierten Grab.

Dazu hatten sie goldene Armspangen und Ohrgehänge und mächtige Diademe getragen, auch diese wieder mit mannigfaltigem Zierat. In ihrem Haar lagen große Nadeln mit Knöpfen aus Bergkristall und kostbarem Glas, und den Hals umgaben Mengen von Gemmen, in welche viel merkwürdige Tierdarstellungen und Szenen aus dem Leben der Herrscher eingeschnitten waren. Aber damit, daß sie den Leichen das stolzeste Prachtgewand anlegten, ließen es die Hinterbliebenen nicht genug sein.

Denn nicht nur vornehm in seiner Erscheinung sollte der verstorbene König ins Totenreich einziehen; man gab ihm auch mit, was er dort drüben zum künftigen Leben nötig hatte: kostbare Salben und Öl enthielten die irdenen, bronzenen, silbernen Krüge, die zu dem Leichnam gestellt wurden, silberne und goldene Becher, sein goldumsponnenes Zepter, seine kunstvoll mit Silber und Gold eingelegten Schwerter an goldenen Wehrgehängen geleiteten den Herrscher ins Grab. Und die Fürstinnen nahmen mit sich goldene Kästchen und Büchschen und die goldene Waage, ein noch nicht erklärtes Symbol.

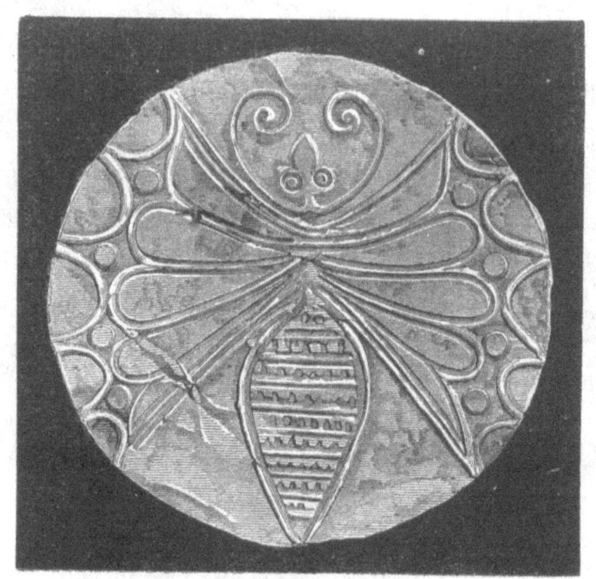

Goldplatte aus dem dritten Grab.

Goldenes Armband aus dem vierten Grab.

Zepter mit Griffen aus Bergkristall aus dem dritten Grab; Silber vergoldet.

Weinkanne aus Gold aus dem vierten Grab.

Zum zweiten Male hatte die Begeisterung, der Glaube an Homer zu einer Entdeckung ohnegleichen geführt. Auch in Troja hatte Schliemann königliche Schätze aus kostbarem Metall gefunden, aber wie kunstlos erschienen sie gegenüber dem Formenreichtum von Mykenä! Die trojanischen Meister hatten für ihren Fürsten genug geleistet, wenn sie nur aus dem teuern Stoffe Becher und Krüge hergestellt hatten, so groß und so schwer, als sie es mit ihren einfachen Handgriffen vermochten.

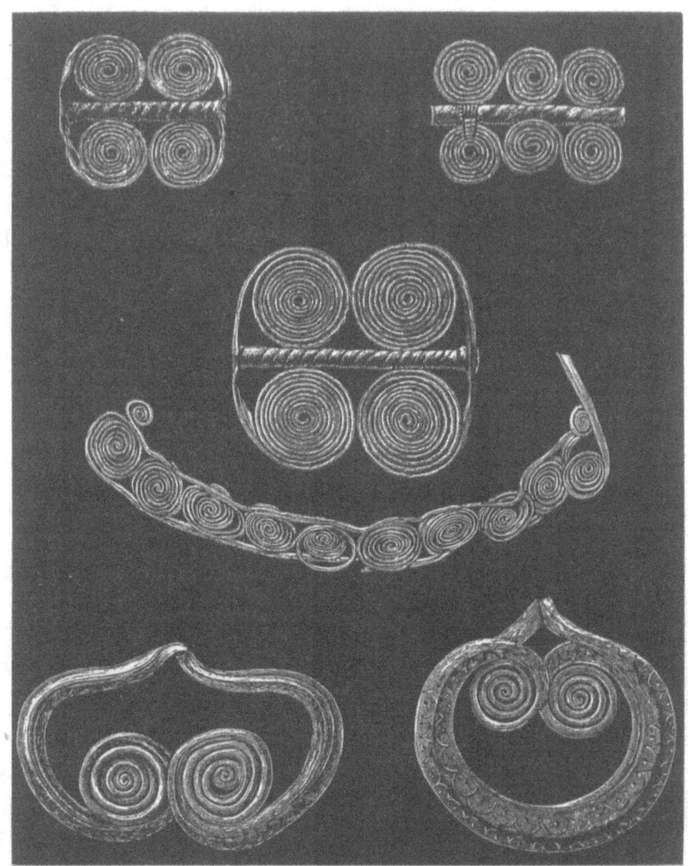

Haarlockenhalter, Armbänder und Ornamente von Halsbändern aus dem dritten Grab.

Im Gegensatz dazu waren die Schätze von Mykenä Denkmäler einer gewaltig vorgeschrittenen Kultur, einer Kultur, welche weit über den Bildungsgrad der Naturvölker hinaus war, die bei der Beschränktheit ihrer Hausarbeit dem zum Leben notwendigen Geräte eine schlichte Form geben, so daß der geformte Stoff eben imstande ist, seinem nächsten Zwecke zu dienen. Das Volk von Mykenä besaß bereits eine Kunst, und stolz dieses Besitzes forderte es von seinen Künstlern und Handwerkern, daß sie alle

Gebrauchsgegenstände durch ein reiches Linienspiel gefälliger Verzierungen prächtig verschönten. Das Handwerk der Töpfer malte auf die wohlgeformten Gefäße in glänzenden Farben verschlungene Linienmuster, vor allem den Reigen der Spiralen, und das, was an der Küste des Meeres an eigentümlichen Wesen ins Auge fiel, als Algen und Muscheln und Schnecken und Tausendfüßler.

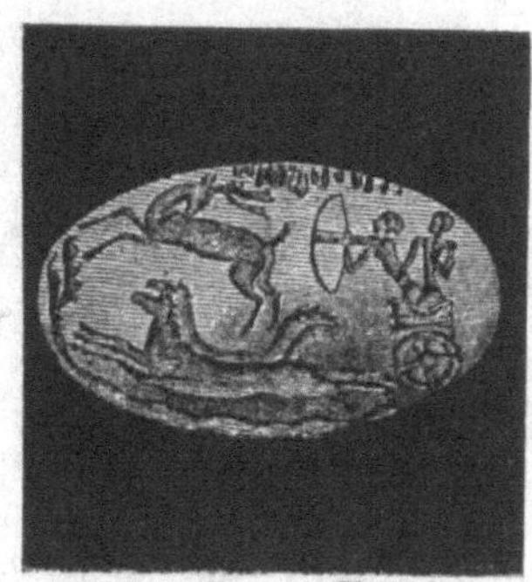

Intaglios auf den Siegelringen aus dem vierten Grab.

An höhere Vorwürfe wagte sich schon die vornehmere Kunst der Goldschmiede. Nicht allein, daß sie in jedes Goldblech, welches zum Schmucke der Adligen gehörte, reiche und fein dahinfließende Ornamente einpreßten, sondern sie verstanden es auch meisterhaft, in eingelegter Arbeit mittels Gold und Silber und Emaille die Klingen der Schwerter mit farbenprächtigen, lebensvollen Bildern zu schmücken, ebenso wie sie in die goldenen Fingerringe Jagd- und Kampfszenen und schwer zu deutende Darstellungen, wie es scheint, des Gottesdienstes eingruben. Und wo der König das Symbol seiner Herrschaft angebracht verlangte, bildeten sie in edlem Metall den Stierkampf mit dem Doppelbeil darüber mit einem Verständnis, mit einer Beherrschung der Formen des Tierkörpers, welche an die vollendetsten Zeiten der griechischen Kunst gemahnt.

Terrakottagefäße.

Wiederum hatte Schliemann eine neue Welt für die Geschichte und die Kunst aufgefunden. Eine so verschwenderische königliche Pracht wäre den Griechen des Jahrtausends vor Christi Geburt jederzeit fremdartig, asiatisch erschienen. In der Tat war in den Einzelheiten der Funde vieles, was von den unmittelbaren Beziehungen der alten Mykenäer zu dem Orient und Ägypten Zeugnis ablegte. Charles Newton machte Schliemann zuerst darauf aufmerksam, daß in einem Grabe auf Rhodos mit »mykenischen« Vasen zusammen eine ägyptische Gemme aus der Zeit um 1400 v. Chr. gefunden sei, und in Mykenä selbst stimmte zu so hohem Alter die Tiefe der Fundschicht nicht minder wie der Gegensatz zu den ältesten sonst für uns datierbaren Denkmälern auf griechischem Boden. Zweifellos waren es Überbleibsel einer Herrscherfamilie von Mykenä aus der Zeit vor Homer, manche ihrer Prunkstücke erinnerten in auffallender Weise eben an Schilderungen, welche in den homerischen Gedichten zu lesen sind. Die Henkel an Nestors Becher, den er nach Troja von Hause mitgenommen, waren mit vier Tauben verziert, und in einem der Gräber fand sich ein Becher, über dessen zwiefacher Handhabe goldene Tauben angebracht sind. Waren die Gräber etwa gar diejenigen selbst, welche Pausanias gesehen haben wollte, die Gräber des Agamemnon und der Seinen? Wir haben oben aus Schliemanns Tagebuch die Stelle ausgeschrieben, aus welcher hervorgeht, daß er im Beginn der Arbeit über die Unrichtigkeit einer solchen Annahme sich klar war. Denn, wie er selbst es sagte, zu Pausanias' Zeiten war diese Grabstätte mit einem viel zu tiefen Schutte bedeckt, als daß sich in spätgriechischer Zeit über sie überhaupt eine oder sicher keine so ins einzelne gehende Kunde erhalten haben konnte. Aber als er dann den blendenden Glanz königlicher Pracht vor sich sah, da glaubte Schliemann zu bemerken, daß einige der Leichen mit einer auffälligen Hast bestattet seien, wie sie zu der Sage von dem nachlässigen Begräbnis stimmte, welches die Klytämnestra ihrem ermordeten Gatten angedeihen ließ: da wallte die ihm im Blute liegende Phantasie auf und seine Natur kannte keinen Zweifel mehr, daß die von ihm entdeckten Gräber diejenigen seien, welche Pausanias erwähnte. Triumphierend telegraphierte er an den König von Griechenland:

A sa Majesté le Roy George des Hellènes, Athènes

Avec une extrême joie j'annonce à Votre Majesté que j'ai découvert les tombeaux que la tradition, dont Pausanias se fait l'écho, désignait comme les sépulcres d'Agamemnon, de Cassandra, d'Eurymédon et de leurs camarades, tous tués pendant le repas par Clytemnestre et son amant Égisthe. Ils étaient entourés d'un double cercle parallèle de plaques, qui ne peut avoir été érigé qu'en honneur des dits grands personnages. J'ai trouvé dans les sépulcres des trésors immenses en fait d'objets archaïques en or pur. Ces trésors suffisent à eux seuls à remplir un grande musée, qui sera le plus merveilleux du monde, et qui, pendant des siècles à venir, attirera en Grèce des milliers d'étrangers de tous les pays. Comme je travaille par pur amour pour la science, je n'ai naturellement aucune prétention à ces trésors, que je donne avec un vif enthousiasme intacts à la Grèce. Que Dieu veuille que ces trésors deviennent la pierre angulaire d'une immense richesse nationale.

Mycènes, 16/28 Novembre 1878

Henry Schliemann

Im Dezember beendete er die Ausgrabungen in Mykenä. Nur sein Ingenieur Drosinos kehrte im Frühjahr des folgenden Jahres noch einmal dorthin zurück, um Pläne aufzunehmen, und benutzte die Zeit, um neben dem Kreise der großen Gräber noch eine kleine, aber sehr glückliche Grabung vorzunehmen. Schliemann selbst war bereits dabei, seine Berichte an die »Times«, mit welchen er das Publikum von dem Verlaufe seiner Arbeiten unterrichtet hatte, auszuführen und zu dem Buche »Mykenä« zusammenzufassen. Die Funde hatte er der Griechischen Archäologischen Gesellschaft übergeben, welche sie zu einem schönen Museum vereinigen und ordnen ließ. Sie wurden photographiert und gezeichnet und in dem Buche, das wie alle spätern Werke Schliemanns im Verlage von F. A. Brockhaus in Leipzig erschien, in würdiger Form abgebildet, so daß das Buch ein weit mehr Vertrauen erweckendes Ansehen erhielt als es die etwas abenteuerlichen Abbildungen in dem ersten Werke über Troja, in den »Trojanischen Altertümern«, hatten. Während der Arbeit hielt sich Schliemann geraume Zeit in England auf, mit befreundeten Gelehrten die Fragen und Rätsel besprechend, welche der reiche Stoff der Forschung aufgab. Dort fand sein Glaube an den Dichter und dessen Sagen und fanden die Erfolge, die der self made man, von diesem Glauben getragen, errungen hatte, den lebhaftesten und dankbarsten Widerhall, während andernorts das Gefühl der Kritik, mit welcher die alte Sage auf ihren geschichtlichen Kern zu prüfen ist, überwog und damit sich eine vorsichtigere Stellungnahme zu den Schliemann-Funden verknüpfte. Der alte Gladstone selbst kam Schliemanns Aufforderung nach und schrieb ihm eine Vorrede, in welcher er zu begründen suchte, daß die Gräber des Agamemnon und der Kassandra leibhaftig gefunden seien. Das Buch erschien zugleich in englischer und deutscher Ausgabe Ende 1877, und eine französische Ausgabe beschäftigte Schliemann noch einen Teil des Jahres 1878.

5. Troja

Zweite und dritte Ausgrabung (1878–1883)

Beginn der Arbeiten in Troja 1878 – Die Arbeiten im Jahre 1879 – Wandlung vom Enthusiasten zum Gelehrten – Zusammenarbeiten mit anderen Gelehrten – Die Schenkung der trojanischen Altertümer – Hissarlik für die Stadt Troja zu klein – Mitarbeit der Architekten – Schwierigkeiten mit der türkischen Regierung

Schliemanns Lebenszweck war es geworden, mit Hacke und Spaten die Schauplätze der homerischen Gesänge aufzudecken. Daß eine wundersame wahrhafte Geschichte an den Stätten der Sage gespielt hatte, dafür hatte nun seine Beharrlichkeit den vollen Beweis erbracht. Die Denkmäler bezeugten es. Wäre eine so zähe Natur, welche für ein einmal ins Auge gefaßtes Ziel jede Minute ihre volle Manneskraft einsetzte, noch einer Steigerung ihrer Tätigkeit fähig gewesen, so mußte das nach solchen Erfolgen geschehen. Denn Rast und Muße nach getaner Arbeit kannte Schliemann nicht. Eine Unternehmung folgte bei ihm Schlag auf Schlag der andern, wie er auch in seinem Tagewerke überhaupt längerer Erholung keine Zeit gegönnt hat. So nahm er, sobald die Arbeit an den mykenischen Gräbern vollendet war, die Ausgrabung in Troja wieder auf.

Als er im Jahre 1873 das Ausgrabungsfeld dort verließ, hatte er gehofft, daß eine wissenschaftliche Gesellschaft, etwa eine der staatlichen Akademien, durch seine Erfolge belehrt, die weitere Erforschung des Platzes in die Hand nehmen möchte. Aber das war nicht geschehen. Er ging daher selbst an die Fortführung des Werkes. Der Ferman, welcher ihm dann im Jahre 1876 erteilt war, hatte nur für zwei Jahre gegolten und war inzwischen abgelaufen. Die Erlangung eines neuen war wiederum mit mancherlei Schwierigkeiten verknüpft, indessen sie wurden überwunden durch die tätige Hilfe und Fürsprache des britischen Gesandten in Konstantinopel Sir Austen Henry Layard. Um die Zeit bis zur Ausfertigung des Fermans nicht unbenutzt verstreichen zu lassen, ging Schliemann zuvor noch einmal nach Ithaka und untersuchte genauer diejenigen Plätze, an welchen er vor zehn Jahren die Stadt des Odysseus, die Grotte des Phorkys, die Ställe des Eumaios aufgefunden zu haben meinte.

»Mit einer großen Zahl von Arbeitern und mehreren Pferdekarren« – so beschreibt er die Umstände, unter welchen er die Grabungen in Troja wieder eröffnete – »nahm ich gegen Ende September 1878 meine Ausgrabungen in Troja wieder auf. Vorher schon hatte ich hölzerne, filzgedeckte Baracken bauen lassen, deren neun Zimmer für mich, meine Aufseher und Diener und zur Aufnahme von Besuchern bestimmt waren. Auch baute ich eine Holzbaracke, die zur Aufbewahrung wertloser Altertümer und als kleiner Speisesaal diente, ferner einen hölzernen Schuppen, dessen Schlüssel der türkische Beamte in Verwahrung hatte, und welcher zur Aufbewahrung derjenigen Altertumsfunde diente, die zwischen dem kaiserlich türkischen Museum und mir geteilt werden sollten; auch einen Schuppen zur Aufbewahrung meiner Werkzeuge, sowie der Schiebkarren, Handwagen und der verschiedenen bei den Ausgrabungen nötigen Maschinen; außerdem ein kleines aus Steinen erbautes Haus mit Küche und Bedientenstube, ein hölzernes Haus für meine zehn Gendarmen und einen Pferdestall. Ich ließ alle diese Gebäude auf dem Nordwestabhange von Hissarlik, der hier unter einem Winkel von 75° zur Ebene abfällt, errichten.

Die zehn Gendarmen, sämtlich rumelische Flüchtlinge, erhielten von mir monatlich 410 Mark; dafür waren sie mir aber auch von größtem Nutzen, indem sie mich nicht nur gegen die Räuber, damals eine Plage der Troas, beschützten, sondern auch bei den Ausgrabungen ein wachsames Auge auf meine Arbeiter hatten und diese dadurch zur Ehrlichkeit zwangen.«

Die Arbeiten galten vornehmlich der weiteren Aufdeckung des Gebäudes, welches 1873 oberhalb der großen Rampe und dem Südwesttore aufgefunden war, und welches Schliemann wegen des nahe dabei entdeckten großen Schatzes für den Palast des

Priamos selbst hielt, trotz der ärmlichen Beschränktheit seiner Räume. Einige kleinere Funde an Goldschmuck bestätigten ihm zunächst seine Ansicht, wenn er auch, stutzig gemacht durch den Einspruch, den er von der gelehrten und der spottlustigen Welt erfahren hatte, von jetzt ab vorsichtiger den Bau »das Haus des letzten Königs oder Oberhauptes von Troja« nannte.

Der hereinbrechende Winter machte Ende November die Einstellung der Arbeit nötig. Schliemann begab sich auf einige Monate nach Europa. Schon Ende Februar aber kehrt er zurück; weder Kälte noch Dunkelheit hindern ihn, tagtäglich unter dem Schutze seiner Gendarmen nach der eine Stunde entfernten Küste so früh zum Seebade zu reiten, daß er noch vor Sonnenaufgang zum Beginn des Tagewerkes in Hissarlik zurück ist. Mit 150 Arbeitern hatten die Grabungen einen raschen Fortgang. Um auch andere Augen seine Entdeckungen prüfen zu lassen, hatte Schliemann schon von Mykenä aus an einige Gelehrte, namentlich an Rudolf Virchow in Berlin, Einladungen zum Besuche seiner Ausgrabungen ergehen lassen. Damals war seine Bemühung fruchtlos gewesen. Jetzt aber hatte er die aufrichtige Freude und Genugtuung, daß der beste deutsche Kenner vorgeschichtlicher Fundstätten an seinen Arbeiten ein warmes Interesse nahm und gemeinsam mit Emile Burnouf aus Paris sein Gast und Genosse des Werkes in Troja wurde. Der alte Satz, daß vier Augen mehr sehen als zwei, bewährte sich hier vortrefflich. Die Arbeit gewann an Umfang und Bedeutung durch die neuen Gesichtspunkte, welche die beiden Gelehrten mitbrachten: sie untersuchten die geologische Beschaffenheit der troischen Ebene und widerlegten den Einwand des Demetrios von Skepsis, des ältesten Zweiflers an der Lage von Troja, daß die troische Ebene, welche unter Hissarlik sich ausbreitet, erst nach der Zeit des trojanischen Krieges entstanden sei. Mit Virchow zusammen bereiste Schliemann bis hinauf zu den Höhen des Ida die Landschaft der Troas, die an Denkmälern alter Geschichte so reich ist. Virchows Vermittlung war es auch zu danken, daß der deutsche Botschafter Graf Hatzfeld im Verein mit dem britischen, Sir Layard, bei der Hohen Pforte vorstellig wurden und den lang ersehnten Ferman zu Grabungen an den großen Grabhügeln der troischen Ebene auswirkten.

Schon einmal, im Jahre 1873, hatte Frau Schliemann in den sogenannten Pascha-Tepeh einen Graben hineinführen lassen, aber ohne daß dabei ein Grab entdeckt worden wäre. Nun machte sich Schliemann neben kleineren Grabungen in der Umgegend an die beiden mächtigsten unter den zahlreichen Grabhügeln, den Ujek-Tepeh und den Besika-Tepeh, welche beide, Land und Meer beherrschend, der eine 80, der andere 50 Fuß hoch über den Randhöhen der Besika-Bai anderthalb Stunden von Hissarlik aufragen. Der Umfang dieser fürstlichen Denkmäler war zu gewaltig, als daß man ihren Kern durch Abgraben der Erdmasse hätte aufdecken können. Daher wurden senkrecht und waagerecht Schächte und Tunnel hineingetrieben, eine sehr gefahrvolle Arbeit, welche indessen trotz aller aufgewandten Mühe nicht zur Auffindung der Gräber geführt hat. Man stieß im Kern des Ujek-Tepeh auf das Mauerwerk eines stattlichen 40 Fuß hohen Turmes, welcher auf einer kreisrunden Lage von polygonalen Blöcken ruht. Da nun Schliemann nirgends auf die Gräber selbst stieß, so bildete er sich die Ansicht, daß diese Hügel, einer Sitte des griechischen Altertums entsprechend, nur Scheingräber, Kenotaphe, seien, zu Ehren der Verstorbenen errichtet, deren Leichen in Wirklichkeit an anderm Orte beigesetzt wären. Während der Unternehmungen in der Umgegend wurde auch in Troja selbst mit Erfolg weitergegraben. Man ging dem Umkreise der Ringmauern nach und suchte durch schichtweise Abräumung des höher liegenden Schuttes die sogenannte dritte Stadt, welche damals als die verbrannte galt, in größerm Umfange bloßzulegen. Die dritte, von unten gerechnet: denn allmählich war es klargeworden, daß unter der Schicht des »Hauses des Stadtoberhauptes« weit über den Hügel hin sich Mauern einer älteren Ansiedlung befanden und daß noch 6 Meter tief unter dieser Ansiedlung die Reste der Häuser der ältesten Menschen, wie es scheint, die überhaupt auf dem Boden von Hissarlik gewohnt haben, erhaltengeblieben waren.

Im Juli 1879 beendete Schliemann die zweite seiner Ausgrabungsperioden in Troja und begab sich darauf nach Deutschland. Seiner Gewohnheit getreu nahm er die Ausarbeitung der Ergebnisse sofort in Angriff; drei Monate hindurch hielt er sich in Leipzig auf, um die Drucklegung so schnell wie möglich an

Ort und Stelle zu betreiben. Das Buch »Ilios. Stadt und Land der Trojaner. Forschungen und Entdeckungen in der Troas und besonders auf der Baustelle von Troja«, die Frucht seiner Arbeit bis Ende des Jahres 1880, bekundete gegenüber den frühern Werken Schliemanns, namentlich denen über Troja, einen bedeutenden Fortschritt. Waren jene eine Zusammenstellung seiner Mitteilungen an die Tagesblätter gewesen und enthielten sie daher viel von den naturgemäß schwankenden Meinungen, welche während des wechselnden Tagewerkes der Ausgrabung in seinem enthusiastischen Geiste aufgestiegen waren, so war es jetzt Schliemanns sichtliches Bestreben, geordnet zusammenzufassen, was über Stadt und Land der Trojaner vom Altertum her und durch die Gesamtheit seiner Ausgrabungstätigkeit bekanntgeworden war. So konnte sein treuer Freund Virchow von ihm in der Vorrede zu »Ilios« sagen: »Jetzt ist aus dem Schatzgräber ein gelehrter Mann geworden, der seine Erfahrungen in langem und ernstem Studium mit den Aufzeichnungen der Historiker und Geographen, mit den sagenhaften Überlieferungen der Dichter und Mythologen verglichen hat.«

An den Anfang des Buches stellte Schliemann, wie für einen Mann von so außerordentlicher Entwicklung mit Recht, seine Lebensgeschichte, welche oben zum großen Teile abgedruckt ist. Daran schloß sich eine Übersicht über die geographischen Verhältnisse der Landschaft Troas und eine Ethnologie derselben; schließlich eine Geschichte der Stadt Troja selbst und eine erneute Erörterung über ihre Lage auf dem Hügel von Hissarlik. Danach behandelte er die Funde zeitlich geordnet nach ihrer schichtenweisen Reihenfolge, mit der auf dem Urboden gegründeten Niederlassung beginnend. In dem 16 Meter hohen Schuttberge unterschied Schliemann jetzt sechs übereinanderliegende Städte, die insgesamt noch durch die Einfachheit ihres Hausgerätes sich als prähistorisch darstellten. Über der jüngsten, der sechsten, folgte das griechische und römische Ilion, von welchem neben den Skulpturen des Athenatempels vornehmlich umfangreiche inschriftliche Denkmäler Zeugnis ablegten. Die Funde wurden in guten Abbildungen dem Verständnisse des Publikums zugänglich gemacht. So trat zum ersten Male klar hervor, in ein wie ungeahntes, unermeßlich hohes Alter hinauf an diesem Platz die Geschichte des Menschengeschlechts sich zurückverfolgen läßt.

Wenn derart sich der Enthusiast Schliemann in eine methodische wissenschaftliche Arbeitsweise hineinzuzwängen suchte, so blieb er doch bei allem in seiner Darstellungsart der originale Mensch, welchen ein eigenes persönliches Bedürfnis zu dieser Arbeit geführt hatte. Seinem Homer blieb er treu; die Homerischen Gedichte waren sozusagen das Glas, durch welches er seine Funde betrachtete, auch wenn diese um Jahrtausende älter als die Zeit des Dichters sein mochten. Je mehr man sich in die zähe Statur des Mannes hineinversetzt, um so mehr überzeugt man sich, daß es nicht Dichtung, sondern Wahrheit ist, wenn er in seiner Selbstbiographie sagt, daß bereits die ersten Eindrücke seiner Jugend für seine Lebensrichtung bestimmend geworden sind. Neben der homerischen Sage, welche ihn seit den Erzählungen seines Vaters beschäftigte, zogen ihn auf dem klassischen, schönheiterfüllten Boden am meisten die urtümlichsten Stein- und Tongeräte an, welche ähnlich auch in den Hünengräbern seiner nordischen Heimat gefunden werden. Außer dem Homerenthusiasten war Schliemann ein leidenschaftlicher Prähisioriker. Er konnte in Entzücken geraten, wenn er einmal ein rohes Gefäß fand, durch dessen Henkelansätze senkrechte anstatt der häufigeren waagerechten Durchbohrungen zum Durchziehen einer Schnur hindurchgingen. Es ist ihm sehr ernst, wenn er sich einmal darüber beschwert, daß solch ein urtümlicher Topf von dem Direktor einer Sammlung zusammen mit gewiß kunstvollerem römischen Geschirr auf ein Brett gestellt ist. »Von ähnlichen Gefäßen«, schreibt er, »erwähne ich zuerst ein prachtvolles mit der Hand gemachtes Exemplar im Museum von Boulogne-sur-mer, dessen Direktor in seiner Unkenntnis der vorgeschichtlichen Topfware dasselbe für römisch hält und es deshalb unter die römischen Tongefäße gestellt hat, obgleich es mehr wert ist, als die ganze Sammlung römischer Terrakotten im Museum. Möchte diese Bemerkung ihn erreichen und bewirken, daß die wertvolle Oinochoë endlich den gebührenden Platz erhält!«

Ansicht des Ujek-Tepeh.

Die Worte zeigen auch, wie sehr er alle Winkel und Museen Europas durchgespürt hatte nach Denkmälern, welche sich mit den trojanischen Funden vergleichen ließen. Zu dieser Übersicht kam ihm ferner sein ausgedehnter Briefwechsel und seine weite Bekanntschaft zugute. Ganz und gar von der Bedeutung seiner Arbeit erfüllt, wußte er mit jedem, mit dem er auf seinen vielen Reisen und bei seiner erstaunlichen Sprachfertigkeit in ein Gespräch kam, sich über seine Funde zu unterhalten, und was er dabei an Neuem erfuhr, das behielt er gewissenhaft. So fehlt im Buche »Ilios« unter den Autoritäten, welche sich über die großen Tonfässer aus Troja ausgesprochen hatten, selbst Fürst Bismarck nicht, den Schliemann im Juli 1870 in Kissingen getroffen. Sogar aus China, und von der Beute aus, die den Aschantis abgenommen war, berichtete man ihm über das Vorkommen des Zeichens der Swastika Hakenkreuz, welchem man auf den troischen Spinnwirteln begegnete. Wertvoller aber als diese gelegentlichen Beiträge war das, was die lange Reihe seiner gelehrten Freunde jetzt an Ergänzungen zu dem Werke lieferten. Der englische Orientalist Sayce behandelte die schwierige Frage, ob unter manchen der ornamentähnlichen Einritzungen auf Spinnwirteln und kleinen Zylindern, die in Troja gefunden waren, Schriftzeichen zu verstehen seien. Er bejahte die Frage, indem er nachzuweisen suchte, daß man in Troja, lange bevor die Griechen schreiben gelernt, sich eines in Kleinasien weitverbreiteten Alphabets bediente, eine Ansicht, die gegenüber dem vielfachen Unglauben, welchen sie erfuhr, durch den Fund eines Spinnwirtels, über dessen Inschrift kein Zweifel bestehen kann, während der Grabungen von 1890 eine starke Stütze erhalten hat. Der deutsche Ägyptologe Heinrich Brugsch erörterte auf Schliemanns Bitte hin die Nachrichten über die Stämme Kleinasiens, welche über das zweite vorchristliche Jahrtausend in ägyptischen Inschriften enthalten sind. Der langjährige Kenner und sozusagen Bürger der troischen Landschaft, der Amerikaner Frank Calvert, berichtete in Schliemanns Buche über die eine Stunde von Hissarlik bei seinem Landgute Thymbra vorgenommene Grabung. Andere trugen je nach ihrem Fache andere Ergänzungen bei. Vor allem unterstützten die beiden Arbeitsgenossen, der Franzose Emile Burnouf und der Deutsche Rudolf Virchow, bei der Abfassung des Werkes, jener besonders durch die Pläne, welche er vom Ausgrabungsfelde gab, und durch die Ergebnisse geologischer Studien, dieser mit der ganzen Fülle seiner ausgebreiteten Kenntnisse auf naturwissenschaftlichem und auf prähistorischem Gebiete, Kenntnisse, welche zudem verbunden waren mit einer Schliemann kongenialen Begeisterung für die griechische Dichtung und Heldensage. Kein anderer, von Schliemann selbst abgesehen, war so berechtigt, zu dem Buche »Ilios« eine Vorrede zu schreiben, und keiner hätte sie besser verfaßt als Virchow. Seine warmen und schönen Worte enthielten eine klare Würdigung der großen Arbeit, welche hier getan war, und des Mannes, welcher sie getan hatte. Und namentlich das letztere war nicht überflüssig gegenüber der Geringschätzung und dem Hohn, mit welchem von manchen Seiten die Schliemanschen Arbeiten bis dahin kritisiert worden waren.

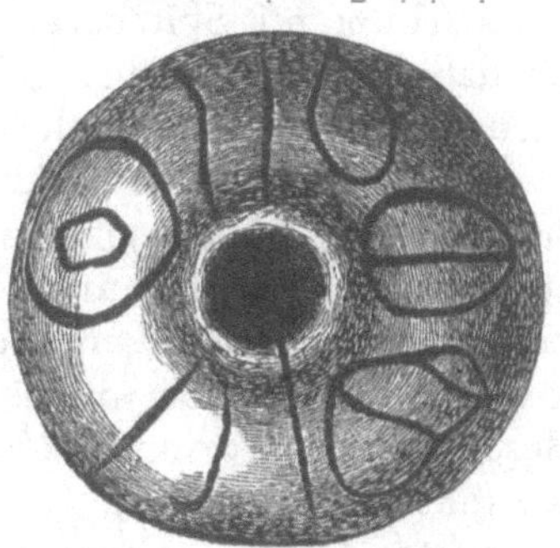

Wirtel mit Schriftzeichen
aus etwa 6 m Tiefe.

»Es ist heute eine müßige Frage«, schrieb Virchow, »ob Schliemann im Beginne seiner Untersuchungen von richtigen oder unrichtigen Voraussetzungen ausging. Nicht nur der Erfolg hat für ihn entschieden, sondern auch die Methode seiner Untersuchung hat sich bewährt. Es mag sein, daß seine Voraussetzungen zu kühn, ja willkürlich waren, daß das bezaubernde Gemälde der unsterblichen Dichtung seine Phantasie zu sehr bestrickte, aber dieser Fehler des Gemüts, wenn man ihn so nennen darf, enthielt doch auch das Geheimnis seines Erfolges. Wer würde so große, durch lange Jahre fortgesetzte Arbeiten unternommen, so gewaltige Mittel aus eigenem Besitz aufgewendet, durch eine fast endlos scheinende Reihe aufeinandergehäufter Trümmerschichten bis auf den in weiter Tiefe gelegenen Urboden durchgegraben haben, als ein Mann, der von einer sicheren, ja schwärmerischen Überzeugung durchdrungen war? Noch heute würde die gebrannte Stadt in der Verborgenheit der Erde ruhen, wenn nicht die Phantasie den Spaten geleitet hätte.«

Hier mögen auch die charakteristischen Worte stehen, mit welchen Schliemann seinen Text abschloß: »Ich schließe mit dem Ausdruck der festen Hoffnung, daß die geschichtliche Forschung mit Spitzhacke und Spaten, welche in unsern Tagen die Aufmerksamkeit der Gelehrten in Anspruch nimmt, sich mehr und mehr entwickeln und schließlich über die dunkeln vorgeschichtlichen Zeiten des großen Hellenenstammes helles Tageslicht verbreiten möge. Möge diese Forschung mit Spitzhacke und Spaten mehr und mehr beweisen, daß die in den göttlichen Homerischen Gedichten geschilderten Ereignisse keine mythischen Erzählungen sind, sondern auf wirklichen Tatsachen beruhen, und möge sie dadurch, daß sie dies beweist, die Liebe aller zu dem edlen Studium der herrlichen griechischen Klassiker und besonders Homers, der strahlenden Sonne aller Literatur, vermehren und kräftigen!

Ich bringe nun diesen Bericht über meine uneigennützigen Arbeiten in aller Bescheidenheit vor den Richterstuhl der gebildeten Welt. Es wäre für mich die höchste Genugtuung, und ich würde es als den schönsten Lohn ansehen, nach welchem mein Ehrgeiz streben könnte, wenn es allgemein anerkannt würde, daß ich zur Erreichung dieses meines großen Lebenszieles wirksam beigetragen habe.«

»Meine großen Sammlungen trojanischer Altertümer haben einen unschätzbaren Wert, doch sollen sie nie verkauft werden. Wenn ich sie nicht noch bei meinen Lebzeiten verschenke, so sollen sie kraft letztwilliger Bestimmung nach meinem Tode dem Museum derjenigen Nation zufallen, die ich am meisten liebe und schätze.« So hatte Schliemann in seiner Selbstbiographie geschrieben. Es war nicht ohne weiteres sicher, daß er bei diesen Worten sein Vaterland im Auge haben sollte. Er hatte ihm den Rücken gekehrt, damals als er, an allem andern verzweifelnd, sich als Schiffsjunge nach Venezuela begeben wollte. In Rußland hatte er sein Glück gemacht. In Amerika war er Bürger geworden und innerlich war er in der Verquickung idealen Strebens mit nüchtern berechnender Geschäftsklugheit dem amerikanischen Wesen verwandt. Nach Griechenland hatte ihn sein Enthusiasmus für altgriechische Sage und Literatur geführt, hier hatte er sich jetzt sein Heim gegründet. In England fand seine Forschung den lebhaftesten Beifall; dort waren die trojanischen Sammlungen seit zwei Jahren im South-Kensington-Museum ausgestellt; seine Bücher, die er in den siebziger Jahren schrieb, hatte er zunächst in englischer Sprache abgefaßt. Bei seiner Schnelligkeit zu reisen war Schliemann überall in der ganzen gebildeten Welt zu Hause. Welches also war die Nation, die er am meisten liebte und schätzte?

Es wird Virchows Eindringen in alle Fragen der trojanischen

Denkmäler und der Freundschaft und Hochachtung, die Schliemann mit diesem Manne verband, zu danken sein, daß die trojanischen Altertümer sich heute in Berlin befinden. Unterm 24. Januar 1881 dankte Kaiser Wilhelm I. dem Stifter für seine Schenkung, indem er bestimmte, »daß die genannte Sammlung der Verwaltung der preußischen Staatsregierung unterstellt und in der Folge in dem im Bau begriffenen ethnographischen Museum in Berlin in so vielen besonderen Sälen, als zu ihrer würdigen Aufstellung nötig sind, aufbewahrt werde, sowie, daß die zu ihrer Aufbewahrung dienenden Säle für immer den Namen des Geschenkgebers tragen. Zugleich – heißt es weiter in der Kabinettsorder – spreche ich Ihnen Meinen Dank und Meine volle Anerkennung für diese von warmer Anhänglichkeit an das Vaterland zeugende Schenkung einer für die Wissenschaft so hochbedeutenden Sammlung aus und gebe Mich der Hoffnung hin, daß es Ihnen auch ferner vergönnt sein werde, in Ihrem uneigennützigen Wirken der Wissenschaft zur Ehre des Vaterlandes gleichbedeutende Dienste zu leisten wie bisher.« Und nicht allein der Kaiser bezeugte so dem Forscher seine Hochachtung und Dankbarkeit, sondern Schliemann hatte auch die Genugtuung, daß ihn die Stadt, in welcher die Ergebnisse seiner langjährigen Tätigkeit nun würdig ausgestellt waren, neben Bismarck und Moltke in die erlesene Schar ihrer Ehrenbürger aufnahm. Von da an hat sich Schliemann öfters in Berlin aufgehalten und hat sich auch mehr als bisher bei seinen Aufzeichnungen der deutschen Sprache bedient.

Im Alter von sechzig Jahren hätte manch anderer nach solchen Erfolgen und Früchten seines Wirkens sich zufrieden zurückgezogen. Aber das entsprach Schliemanns Wesen nicht; sein durch stete Anforderungen gestählter Körper empfand keine Schwäche des Alters. Von Natur mit einem rastlosen Tätigkeitsdrange beseelt, hatte er von dem Gelehrten in sich aufgenommen, welchem eine gewonnene Erkenntnis nur der Ausgangspunkt zu neuer Forschung in das Unbekannte hinein ist, und der darum kein Ende seiner Arbeit findet. Kaum war die Drucklegung des Werkes »Ilios« vollendet, so sehen wir ihn bereits im November und Dezember 1880 im Verein mit seiner Frau mit Grabungen am sogenannten Schatzhause des Minyas im böotischen Orchomenos beschäftigt.

Wohl war nun bewiesen, welche uralte Geschichte eben der Platz von Hissarlik gehabt hatte, der wie kein zweiter der Lage von Troja entspricht. Die mächtigen Ringmauern und die tiefe Brandschicht darüber schienen von der geschichtlichen Wahrheit des Trojanischen Krieges greifbares Zeugnis abzulegen. Indessen wie klein war dies Troja! nicht einmal 2000 Meter war seine größte Ausdehnung, und wenn seine Häuser sechs Stock hoch gewesen wären, so hätten kaum 3000 Menschen darin Platz gefunden. Gleichwohl hatte Schliemann im Buche »Ilios« die Ansicht vertreten, daß die Stadt des Priamos auf den Hügel Hissarlik beschränkt gewesen sei. Wenn also Homer die heilige Ilios als eine wohlgebaute Stadt mit weiten Straßen rühmte, so schloß Schliemann, hatte er den Schauplatz der Taten, der ja zu Zeiten des Dichters längst im Schutt und unter späteren Ansiedlungen vergraben lag, sagenhaft und mit dichterischer Freiheit vergrößert. Hier war der Punkt, wo die Kritik nach dem Erscheinen des Werkes »Ilios« am lebhaftesten einsetzte. Man mochte nicht glauben, daß das Haus des Stadtoberhauptes jemals so unscheinbar, wie heute die Wohnung eines türkischen Bauern, gewesen sei. Schliemann selbst wurde bald in seiner Auffassung wankend. Sein Glaube an die Worte Homers war noch nie betrogen worden, wo er auch den Spaten angesetzt hatte. Er nahm daher in gutem Vertrauen 1882 die Arbeiten von neuem auf, um das an den Hügel Hissarlik angrenzende Gelände sorgfältiger als bisher zu durchsuchen und um so dem Bilde von der Stadt des Priamos die ihm nach Homer zukommende Ausdehnung zu verleihen. Im Jahre zuvor hatte er sich mit dem Plane getragen, in der Landschaft noch andere Sitze der Troer aufzudecken, und hatte dazu eine mehrwöchentliche Reise durch die ganze Troas unternommen, aber da ihm nirgends die Anzeichen einer so tiefen Schuttanhäufung wie auf Hissarlik vorzuliegen schienen, so stand er von größeren Grabungen außerhalb Trojas ab.

Mit dem Jahre 1882 erhalten Schliemanns Arbeiten und Arbeitsergebnisse eine andere Physiognomie. Es ist wohl das schönste Zeugnis für Schliemanns wissenschaftlichen Scharfblick, daß er, jetzt der gefeierte Entdecker der Schätze von Troja und Mykenä, die Lücke erkannt«, welche bei seinen Forschungen geblieben war. Wohl hatte er die Gegenstände, die aus dem Schutte heraus zutage gekommen waren, unermüdlich gesammelt, mochten sie so zahlreich wie die Spinnwirtel oder so roh wie die Steinhämmer und Idole sein, oder mochten sie zu den königlichen Goldschätzen gehören, zu denen sein Glück ihn führte, und wohl hatte er sich abgemüht, die Bedeutung und ehemalige Verwendung der einzelnen Fundgegenstände zu ergründen und hatte dabei an Virchow und andern treue und bewährte Berater gefunden. Aber etwas fehlte. Die Wissenschaft der vorgeschichtlichen Denkmäler schöpft sonst zumeist aus versprengten einfachen Gräbern. Hier aber in Troja bestand eine große Anlage mit mächtigen Festungsmauern: deren Entstehung und ehemaliges Aussehen festzustellen forderte die Arbeit eines Architekten. Schliemanns Glück und Menschenkenntnis hat sich darin in außerordentlicher Weise bewährt, daß er den richtigen Mann für die schwierige Aufgabe zu finden wüßte.

Im Jahre 1881 waren die Ausgrabungen des Deutschen Reiches in Olympia beendet worden, die erste große Grabung auf griechischem Boden, bei welcher mit allen verfügbaren Mitteln beobachtet worden war, wo gleichzeitig Architekten und Gelehrte der Kunstgeschichte und der Inschriftenkunde im Bunde miteinander die Funde geprüft hatten. Nachdem er eben das Bauführerexamen in Berlin absolviert hatte, war Wilhelm Dörpfeld in diesen Kreis eingetreten, hatte fünf Jahre hindurch bei der Arbeit in der Altis gelernt und sein helles Auge für das Verständnis der antiken Bauwerke geschärft. Schliemann hatte bereits mit einem Wiener Architekten, der durch einen Preis seiner heimischen Akademie ausgezeichnet war, für die Grabungen in Troja abgeschlossen. Es zeugt dafür, wie ernst es ihm war, die vorhandene Lücke in seinen Arbeiten auszufüllen, daß als Anfang 1882 Dörpfeld als Architekt des Deutschen Archäologischen Instituts nach Athen kam, er sofort auch diesen für die neue Kampagne gewann.

Diese währte vom März bis zum Juli 1882. Wiederum wurde eine Fülle von prähistorischem Hausrat aus dem Schutte hervorgezogen, aber der Hauptgewinn war die Klarheit über die aufgedeckten Bauten, welche die Mitarbeiterschaft der Architekten herbeiführte. Ihr geübtes Auge erkannte, daß die Wände des »Hauses des Stadtoberhauptes« erst auf der Brandschicht derjenigen Burg gegründet waren, deren Schutz und Schirm die großen Ringmauern gebildet hatten, mit andern Worten, daß die zweite »Stadt« von unten gerechnet die verbrannte war und nicht, wie Schliemann bis dahin geglaubt, die dritte. Wie schon gesagt, war der Hügel wieder und wieder besiedelt worden. Jeweils wurden die Häuser zerstört und soweit abgetragen, als sie bei späterer Bebauung im Wege standen. So lag jetzt ein Netz von kreuz und quer laufenden Fundamentmauern vor, welches beim ersten Anblick einem Labyrinth glich. Aber bei sorgfältiger Säuberung und Ausmessung der Reste hob sich klar der Grundriß eines Baues von den Fundamenten eines zweiten tiefer gelegenen ab. Das Rätsel des Labyrinths löste sich, indem man die räumlich und zeitlich aufeinanderfolgenden Bauschichten im Plane voneinander trennte. So erst ließ es sich verfolgen, daß im Innern der Ringmauern ausgedehnte Gebäude bestanden hatten, Gebäude von schmaler Front und großer Tiefe, nach einheitlichem Plan zu mehreren nebeneinander angeordnet, so daß das größte und stolzeste von allen in der Mitte die andern überragte, Gebäude von einem stets wiederholten Grundriß, welcher mit seiner Vorhalle und dem großen oblongen Zellaraume dahinter an den des einfachsten griechischen Tempels erinnerte. Säulen aber kamen an ihnen noch nicht vor. Bearbeitete Steine waren nur als Türschwellen und an den äußersten Vorsprüngen der Mauern verwandt worden, wo sie als Standplatten für die Bretterverkleidung der Mauern dienten, welche aus getrockneten Lehmziegeln bestanden. Das Dach hatte eine festgestampfte Lehmmasse gebildet. So bäuerlich einfach daher ihrem Material nach die Gebäude erscheinen mußten, so redeten doch ihre weiten Räume, ihre Lage auf dem beherrschenden Hügel, die gewaltigen Ringmauern, welche zu ihrem Schutze aufgeführt waren, eine stolze Sprache und erzählten von der Macht des Herrengeschlechtes, dessen Besitz sie gewesen waren. Bei der allgemeinen Ähnlichkeit des Grundrisses mit dem griechischen Tempel lag es nahe, auch diese Bauten zunächst als Tempel zu deuten. Erst durch die Aufdeckung von Tiryus wurde es klar, daß es sich hier wie dort um Herrscherpaläste handelte. Soviel aber war schon jetzt durch den

Nachweis der vornehm weiten Anlage über alle Zweifel erhaben, daß in jener Glanzzeit Trojas die Wohnungen des Volkes auf dem Hügel keinen Platz hatten. Also mußte für die Häuser der Bürger eine Unterstadt bestanden haben, selbst wenn durch die Unbill der Zeiten, durch spätere Besiedlung oder durch die Arbeit des Pfluges keines der Häuser übriggeblieben sein sollte. Tatsächlich aber fanden sich bei genauerem Zusehen auf dem Plateau hinter dem Hügel in den tieferen Schichten viele sehr alte Scherben, so daß man von dem einstmaligen Bestehen einer Unterstadt an dieser Stelle überzeugt sein darf, wenn auch das Gelände noch nicht in größerer Ausdehnung und in weiterer Entfernung von der Burg aufgedeckt worden ist. Auf dem Hügel war nur die Burg einer großen Stadt gewesen, die Pergamos zur Stadt Ilios, wie Homer sagte, den nun kein Vorwurf dichterischer Übertreibung mehr traf, wenn er von der wohlgebauten weitstraßigen heiligen Stadt gesungen hatte.

So hatte Schliemann mit der Hilfe seiner Architekten aus dem durchwühlten Boden einen neuen Schatz gehoben, der nicht weniger wertvoll war, als die goldenen Gefäße des Jahres 1873. Es war ein Schatz, der sich nur auf dem Papiere, in den Plänen, darstellte, und doch ein Fund von höchster Bedeutung, wenn man bedenkt, daß durch ihn ein heller Lichtstrahl auf die Bauweise einer Zeit von märchenhaftem Alter fiel.

Auch in dieser Kampagne war Schliemann beschäftigt mit Versuchsgrabungen außerhalb von Hissarlik. So suchte er wieder mehrere Heroengräber aufzudecken, eins, den sogenannten Tumulus des Protesilaos sogar jenseits der Dardanellenstraße, an der Spitze des thrakischen Chersones. Es war interessant, auch hier auf dieselbe Tonware zu stoßen wie in Troja selbst. Leider aber erreichten die Grabungen hier ein baldiges Ende, da der türkische Kommandant des nahen Forts Halt gebot und sich nicht auf Schliemanns Anerbieten einließ, seinerseits, ohne Beisein Schliemanns und auf dessen Kosten, die Arbeiten fortzuführen.

Der große Erfolg der Grabungen des Jahres 1882 ist um so höher anzuschlagen, als er in einem beständigen Kriege gegen den Kommissar errungen werden mußte, welchen das türkische Kultusministerium zur Beaufsichtigung bestellt hatte. Der Großmeister der Artillerie hatte sich in den Kopf gesetzt, daß Schliemann seine Grabungen nur zu dem Zwecke unternähme, um die Pläne der eine Stunde von Hissarlik entfernten Befestigungen der Dardanellenstraße zeichnen zu können. Nicht nur daß deshalb die Anwendung von Meßinstrumenten selbst innerhalb der Ausgrabungen verboten wurde, sondern der Kommissar erklärte sogar: er und seine Wächter könnten nicht unterscheiden, ob von den Architekten Messungen vorgenommen, Notizen niedergeschrieben oder Zeichnungen gemacht würden. Er verbot daher innerhalb der Ausgrabungen irgend etwas niederzuschreiben oder zu zeichnen und bedrohte, wie Schliemann sagte, fortwährend die Architekten, sie gefangennehmen und in Ketten nach Konstantinopel bringen zu lassen, falls sie dem zuwiderhandelten. Alle Beteuerungen der wissenschaftlichen Absicht, alle Vorstellungen der deutschen Botschaft fruchteten nichts gegen die Hartnäckigkeit des Großmeisters der Artillerie. Selbst auf Fürst Bismarcks Fürsprache hin vermochte die Botschaft nur eine unzulängliche Erleichterung zu erwirken. Erst als nach Abschluß der Grabungen gegen Ende des Jahres Herr von Radowitz Botschafter in Konstantinopel wurde, wußte dieser vom Sultan persönlich eine Irade zu erlangen, welche die nötigen Pläne nachträglich auszuführen erlaubte. Mit diesen geschmückt und mit einer Vorrede von A. H. Sayce versehen erschien Ausgang 1883 das Buch »Troja«, in welchem Schliemann die Ergebnisse der Kampagne zusammenfaßte.

Die Burg von Tiryns.

6. Tiryns

(1884 – 1885)

Lebensweise Schliemanns – Der Palast von Tiryns – Auftauchen der »mykenischen« Kultur – Griechische und Orientalisches

Ein paar Stunden von Mykenä abwärts, nahe dem flachen Strande hebt sich nur wenig aus der breiten Talebene heraus ein langgezogener Hügel. Er trug den Herrschersitz von Tiryns. Die Ringmauer, die den Hügel umgibt, ist von derselben rohen Majestät, wie die von Mykenä; auch von ihr erzählten die Alten, daß die Kyklopen sie im Auftrage des sagenhaften Königs Proitos gebaut hätten. Die Nachbarschaft hat dazu geführt, daß Tiryns bald von Mykenä abhängig wurde; der Sage nach diente der Tiryntier Herakles dem Könige Eurystheus von Mykenä. Als schließlich die Herrscher von Argos sich Mykenä unterwarfen, teilte die alte Königsburg von Tiryns mit jener das Schicksal der Verödung. Diesem frühzeitig eingetretenen Umstande danken wir es, daß hier in Tiryns weit deutlicher als in der immer von neuem umgebauten und besiedelten Pergamos von Troja das Bild eines Fürstensitzes des zweiten vorchristlichen Jahrtausends entschleiert werden konnte.

Schon im Anfang August 1876 hatte Schliemann eine Woche lang auf dem Plateau der Burg gegraben, um danach in Mykenä sein Glück zu versuchen. Er war auf einige architektonische Reste gestoßen, aber ihr Wert war ihm erst nach den Ergebnissen der im vorigen Kapitel geschilderten trojanischen Ausgrabungen bewußt geworden. So schickte er sich nach Vollendung der deutschen und englischen Ausgabe von »Troja« und nach der Erledigung eines die Bücher »Troja« und »Ilios« zusammenfassenden französischen, gleichfalls »Ilios« betitelten Werkes im März 1884 zu einer umfassenden Grabung in Tiryns an, zu welcher ihm die Erlaubnis von seiten der griechischen Regierung erteilt war. Für den architektonischen Teil der Arbeit sicherte er sich wiederum Dörpfelds Hilfe. Die Ausgrabungen währten im Jahre 1884 und 1885, in welch letzterem Dörpfeld allein im Auftrage Schliemanns die Arbeiten beendigte, zusammen 4 1/2 Monate. Schliemann nahm Wohnung in der eine Stunde von Tiryns entfernten Stadt Nauplia. Es ist von Interesse, von der Lebensweise, wie sie der durch und durch praktische Mann führte und schilderte, in der Einleitung zum Buche »Tiryns« zu lesen.

»Ich hatte die Gewohnheit« – heißt es dort – »immer frühzeitig 3 3/4 Uhr aufzustehen, eine Dose von 4 Gran Chinin zu verschlucken, um mich gegen das Fieber zu schützen, und darauf ein Bad zu nehmen; mein Bootsmann, der täglich 1 Frank dafür erhielt, erwartete mich pünktlich um 4 Uhr morgens im Hafen, um mich in die offene See zu fahren, wo ich hinaussprang und fünf oder zehn Minuten herumschwamm. Da der Mann keine Treppe hatte, mußte ich immer an dem Ruder emporklettern, um wieder ins Boot zu gelangen; lange Gewohnheit hatte mir aber Übung in dieser Operation gegeben, und dieselbe ging immer ohne Unfall vonstatten. Nach dem Bade trank ich in dem immer schon früh morgens geöffneten Kaffeehause ›Agamemnon‹ eine Tasse bittern schwarzen Kaffee, die – während alles übrige enorm im Preise gestiegen – hier noch immer zum alten billigen Preise von 10 Lepta oder 8 Pfennig feil ist. Ein gutes Reitpferd, wofür ich täglich 6 Frank bezahlte, stand schon beim Kaffeehause bereit, und ich konnte bequem in 25 Minuten nach Tiryns traben, wo ich immer schon vor Sonnenaufgang ankam und von wo ich den Gaul sogleich zurückschickte, um auch Herrn Dr. Dörpfeld holen zu lassen. Unser Frühstück, welches wir regelmäßig während der ersten Ruhezeit unserer Arbeiter, um 8 Uhr morgens, auf einer Säulenbasis im alten Palast auf Tiryns sitzend zu uns nahmen, bestand aus Chicago corned beef, wovon meine geehrten Freunde, die Herren J. Henry Schröder & Co. in London, mir einen reichlichen Vorrat zugesandt hatten, aus Brot, frischem Schafkäse, ein paar Apfelsinen und mit Harz gemischtem weißen Wein (Retsinato), der sich wegen seiner Bitterkeit gut mit dem Chinin verträgt und der bei der Hitze und angestrengten Arbeit auch besser zu vertragen ist als die viel schwereren roten Weine. Während der zweiten Ruhezeit der Arbeiter, die um 12 Uhr mittags stattfand und anfänglich nur eine Stunde dauerte, später aber, bei Eintritt der großen Hitze, auf 1¾ Stunden verlängert wurde, ruhten auch wir, und es dienten uns dabei zwei Steine der Tenne am Südende der Burg als Kopfkissen. Man ruht nie besser, als wenn man sich recht müde gearbeitet hat, und ich kann meinen Lesern versichern, daß wir nie einen erquickenderen Schlaf genossen haben als während der Mittagszeit in der Akropolis von Tiryns, trotz des harten Lagers und der glühenden Sonne, gegen die wir keinen andern Schutz hatten als unsere indischen Hüte, die wir quer übers Gesicht legten. Unsere zweite und letzte Mahlzeit nahmen wir des Abends beim Nachhausekommen in der Garküche unseres Hotels ein.«

Im Altertum hatte Pausanias von den Resten des Königssitzes geschrieben: »Die Ringmauer, welche das einzige Überbleibsel von Tiryns ist, wurde von den Kyklopen erbaut; sie besteht aus unbehauenen Steinen, deren jeder so groß ist, daß ein Gespann von zwei Maultieren nicht einmal den kleinsten von der Stelle bewegen könnte.« Wieviel mehr können wir heute, nachdem Hacke und Spaten ihr Werk verrichtet und scharfe Beobachtung gelehrt hat, die ans Licht geförderten Trümmer zu ergänzen, von dem Aussehen einer der ältesten Herrenburgen auf griechischem Boden erzählen!

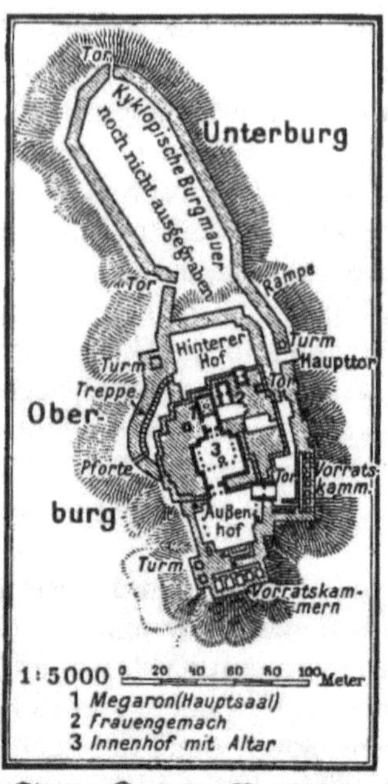

Tiryns: Karte der Burganlage.
(Zustand 1934.)

Wer jetzt von Schliemann und Dörpfelds Buch geleitet die Rampe von Tyrins hinaufgeht und durch die schmale Öffnung der Mauer, die zu den Seiten mächtig und roh wie von elementarer Gewalt aufgerichtet ist, einbiegt in den düstern, allmählich ansteigenden Gang, der gelangt zu den Resten eines Tores, welches einst in ähnlicher Form wie das Löwentor von Mykenä den Zugang versperrte. Dahinter verbreitert sich der Weg ein wenig, aber wir sind noch gefangen in der engen Flucht der großen Festungsmauer. Wir kommen zu einem Vorplatz. Links in der Mauer öffnen sich niedrige Hallen, unter denen die Mannschaft der Burgwache kampierte und zugleich den Zugang zu den Magazinkammern sicherte, die in der Tiefe darunter innerhalb der dicken Ringmauer angelegt waren. Rechts stehen wir vor einem zweiten Torgebäude, welches in seinen Abmessungen der Majestät der uns noch umgebenden Burgmauer entspricht. Durch seine von Säulen getragenen Hallen treten wir, nun im Burgfrieden, auf den weiten Vorhof des fürstlichen Palastes und befinden uns, nachdem die Räume der Palastwache passiert sind, vor dem zierlicheren Tor zur Wohnung des Herrschers selbst. Diese Aufeinanderfolge von Toren gemahnt an die Lebensweise eines Fürsten, der wie ein Sultan abgeschieden von seinem Volke lebt und erst nach Überwindung der verschiedenen Stufen von Wächtern und Hofchargen erreichbar ist. In Zeiten, als hier oben Hof gehalten wurde, wird der gemeine Mann schwerlich jemals über die Vorhöfe hinaus zu dem Könige von Tiryns vorgedrungen sein. Doch nahen wir uns ihm mit dem Zuge seiner vornehmen Freunde. Von dem weiten Vorplatze aus steigen wir die Stufen zur Vorderhalle des Tores hinan und gehen durch die Tür zu seiner Hinterhalle hindurch. Wieder umfängt uns ein geräumiger Hof, aber sein reichlicher freundlicher Schmuck verrät die Nähe der fürstlichen Wohnung. Seinen Boden bedeckt ein sauberer Estrich, auf allen vier Seiten umgeben ihn Hallen, getragen von Holzsäulen; über ihnen ragt weithin beschattend ein buntes Gebälk vor, so daß der Raum in seiner stillen Abgeschlossenheit nicht unähnlich war einem Klosterhof mit Kreuzgang. Vor der Halle gegenüber der Tür zum Palaste steht der Altar. Hier ließ der König das Blut der Rinder in die Grube fließen zu Ehren des Schutzgottes seines Hauses, aus dessen Hand der Ahnherr des Geschlechtes die Axt zum Opfer erhalten hatte; nur aufwärts zum südlich heitern Himmel konnte dabei der Blick des Herrschers gerichtet sein, denn die Enge des Raumes schied ihn von seinem Volke und seinem Lande. Jenseits des Altars winkt das Ziel unserer Wanderung. Stolz und prächtig ragt dort die Halle des Tores empor, hinter welchem der Saal des Königs liegt. Alle Kunstfertigkeit ist hier entfaltet, welche die einheimischen und die aus der Fremde geholten Künstler im Dienste des Herrschers auszuüben vermochten. Die hohen nach oben sich verdickenden Säulen sind über und über umsponnen mit eingegrabenem Zierat, die Wandpfeiler verkleidet mit seltenem Holze, auf welchem bronzene Rosetten in zierlicher Reihe aufsitzen; der Sockel der Wand erglänzt in dem durchsichtigen Weiß der Alabasterplatten, aus deren rhythmisch bewegten Mustern eingelegter blauer Glasfluß wie Edelgestein hervorblitzt; die Wände selbst sind bedeckt mit bunten Malereien, welche zwischen mancherlei

Fabeltieren die Stierjagden und die Kämpfe der Könige darstellen. Drei weite Flügeltüren führen zum Vorzimmer des großen Saales: doch zuvor begab sich der aus der Fremde Kommende durch eine Seitentür des Vorzimmers zu dem Badezimmer, damit er rein, wohlgesalbt und wohlgekleidet vor dem Könige erschiene. Ein Teppich verhängt die Tür zu dem Saale. Treten wir über seine breite steinerne Schwelle, so umfängt uns ein gedämpftes Licht, das sparsam von oben, von den seitlichen Öffnungen der in der Mitte höher herausgehobenen Holzdecke einfällt. Vier schlanke Säulen tragen das Dach; in ihrer Mitte befindet sich der buntgeschmückte Kreis des Herdes, von dem der Rauch zu den Fensteröffnungen emporzieht.

Es mag genug sein mit der Schilderung dieses Palastes. Die sich heraushebenden Prunkräume des Herrschers umgibt ein Gewirr von kleineren Zimmern. Ein Korridor führt zu der Frauenwohnung, welche, in naher Verbindung mit dem übrigen, doch in sich fest abgeschlossen, ähnlich Höfe und Säle und kleinere Räume umfaßt. Ferner treten die Räume für die Dienerschaft und die Wirtschaftsgebäude hinzu. Aber es würde des Planes bedürfen, welcher dem Buche »Tiryns« beigegeben ist, um ihre Anordnung und weiterhin die der alles umklammernden und schirmenden Ringmauer mit ihren Ausfallspforten und Türmen und Magazinen klarzumachen. Genug daß hier gezeigt worden ist, mit welcher Deutlichkeit es Schliemann und Dörpfeld gelang, das Bild einer Fürstenburg des zweiten Jahrtausends wiederherzustellen.

Es war durch viele technische Einzelheiten und durch die Übereinstimmung der Zierformen augenfällig, daß die Burg von Tiryns aus derselben großen Kulturepoche stammte, wie Burg und Gräber von Mykenä. War es acht Jahre vorher Schliemann geglückt, aus den Gräbern heraus die Würde des Totenkultes und die glänzende Erscheinung der Fürsten einer vordem unbekannten Welt vor uns erstehen zu lassen, so ermöglichte nun die Grabung von Tiryns, die Wohnungen wiederherzustellen, in denen eben jene Könige gelebt. Und nachdem man einmal auf die Eigentümlichkeiten der Bauweise und des Kunstgewerbes aufmerksam geworden war, so verging kein Jahr, in welchem nicht rings um das Ägäische Meer herum namentlich Kuppel- oder Schachtgräber und Geräte und Gefäße des »mykenischen« Stiles auftauchten, in Attika, in Böotien, in Thessalien, auf vielen der griechischen Inseln, an der Küste von Kleinasien, ja über das Ägäische Meer hinaus in Zypern, im Nildelta und in Sizilien. Schliemann selbst hat noch aus dem böotischen Orchomenos Reste derselben Epoche näher bekanntgemacht; er ging im Jahre 1886 zum zweiten Male, diesmal mit Dörpfeld, dorthin, um im weiteren Umkreise des dortigen Kuppelgrabes zu graben, welches ganz ähnlich, nur noch prächtiger hergerichtet ist wie das »Schatzhaus des Atreus« bei Mykenä. Es hatte sich beim Ausräumen der Grabkammer neben dem großen Kuppelraum gezeigt, daß die aus dunkelgrünen Schieferplatten bestehende Decke der Kammer wie ein Teppich über und über mit linearen Zierformen, Spiralmustern und Rosetten überzogen war, mit Zierformen, die ganz so bereits von ägyptischen Denkmälern her bekannt waren.

Wo auch immer man auf die Reste dieser »mykenischen« Epoche stieß, überall tat sich dieselbe Vorliebe zur Prachtentfaltung, für Verwendung von edlen Metallen und Gesteinen dar und dasselbe eigentümliche Stilgefühl in den Mustern der linearen Ornamente und der bildlichen Darstellungen. Wenn so von Zypern bis nach Sizilien, von Thessalien bis nach dem Süden der griechischen Halbinsel einander verwandte Denkmäler aufgefunden wurden, so mußte dies das Ergebnis eines überaus reichen Seeverkehrs und der hohen Blüte eines in diesen Grenzen des Mittelmeergebietes zu gewisser Zeit tonangebenden Volkes sein. Welches war dies Volk? Waren es Griechen?

Nach Homer zieht das Eisen den Mann an. Schon die eine Tatsache, daß eisernes Werkzeug oder Waffen mit Denkmälern »mykenischen« Stiles nicht zusammen vorkamen und die Menschen jenes Zeitalters bei aller Kunstfertigkeit, welche sie in der Bearbeitung der weicheren Edelmetalle besaßen, sich ausschließlich bronzener oder gar noch steinerner Werkzeuge bedienten, bewies das beträchtlich höhere Alter dieser Kultur. Gleichwohl konnte Schliemann mit Recht hinweisen auf die Beziehungen zu den Zeiten des Epos und noch mehr zu denjenigen, in welchen, als längst vergangenen, das Epos seine Helden leben und kämpfen ließ. Der Goldreichtum von Mykenä, den das Epos preist, war durch die Funde glänzend bestätigt. Der Becher des Nestor hatte aus den mykenischen Gräbern heraus sein Abbild erhalten. Eben jetzt war in Tiryns ein Palast gefunden, der in wesentlichen Zügen überraschend mit dem Herrscherhause der homerischen Gesänge übereinstimmte. Im großen Männersaale des Königs schmausen die Freier; im Männersaale empfängt der Phäakenkönig den Odysseus, und nahe dem Herde an die Säule gelehnt sitzt die Königin Arete spinnend dabei. In den Palästen sowohl des Peleus wie des Odysseus stand der Altar des Zeus im Hofe, und den Hof umgeben die widerhallenden Säulengänge. Alle diese Räume finden wir ganz so, in demselben Verhältnis zueinander, in Tiryns wieder. Hier wie dort ist Männer- und Frauenwohnung wenn nicht in gleicher, so doch in ähnlicher Weise auseinandergehalten. Vor allem aber war es ebenda, wo der reichste Fürst der Achäer residiert haben sollte, in Mykenä, wo nun Schliemann die Goldschätze gefunden hatte, und es zeigte sich durch seine Ausgrabungen und durch die Fortsetzung, welche sie von seiten der Griechischen Archäologischen Gesellschaft erfuhren, daß die jüngste Schicht von Denkmälern, die noch von einem Fürstensitze herrührte, noch jener Kultur ganz und gar angehörte. Wir finden danach die Reste in Übereinstimmung mit der Überlieferung; wie der Geschichte nach bereits in vorhomerischer Zeit das Königtum von Mykenä vernichtet wird, so sehen wir die Königsburg verödet schon vor dem Zeitalter des Epos. Es hält schwer, dem Schlusse auszuweichen, daß Schliemann in Wahrheit auf die Burg des Atridenhauses gestoßen ist und daß die homerischen Sagen wirklich noch an jene Herrschaften erinnerten.

Schliemanns und vieler anderer Schluß aus diesen Tatsachen war, daß die »mykenische« Kultur an den Küsten und auf den Inseln des östlichen Mittelmeerbeckens auf die Zeit der homerischen Kämpfe, auf die Achäer Homers, zurückginge. In den historischen Zeiten waren deren Reiche zerfallen und andere griechische Volksstämme hatten sie abgelöst. Die Nachricht von dem Einbrechen der aus den Gebirgen Nordgriechenlands in den Peloponnes wandernden Dorer ließ sich damit in Verbindung bringen, die rauhen Bergvölker hatten die überfeinerten Achäer überwältigt; so mochte es sich erklären, wenn Tracht und Gerät der späteren, zweifellos als griechisch anzuerkennenden Zeiten sehr viel einfacher und kunstloser erscheinen, wenn das künstlerische Vermögen und die Technik namentlich in der Bearbeitung edler Metalle am Beginn des ersten vorchristlichen Jahrtausend bedeutend hinter der älteren Epoche zurückstehen.

Angenommen, die Träger jener durch Schliemanns Entdeckungen erschlossenen Kultur seien in Griechenland Griechen, Achäer, gewesen, so muß doch von Osten her so stark auf ihre Fürstensitze eingewirkt worden sein, daß es den Anschein hat, als habe man sich fast willenlos dem übermächtigen Geschmacke des Orients hingegeben, als sei das Bewußtsein der nationalen Eigenart noch kaum geweckt gewesen. Das Bild der phönikischen Astarte zierte das Kleid einer mykenischen Fürstin. Zu dem überreichen Goldzierat, der das Charakteristische an der vornehmen mykenischen Kleidung war, konnte unmöglich das Metall aus griechischem Boden stammen, vielmehr am wahrscheinlichsten aus Kleinasien. Ähnlich dienten zum Schmucke der Kleider Glasfluß und Porzellanstückchen: Glas und Porzellan waren phönikische und ägyptische Erfindungen, die beide in Griechenland niemals heimisch geworden sind. Auf einem jener kostbaren Dolche mit eingelegter Arbeit sind Katzen dargestellt, welche bei einem Flusse zwischen Papyrusstauden Sumpfvögeln auflauern, eine Szene, die nur am Nil beobachtet sein konnte. Solche und viele andere außergriechische Anklänge, welche sich der Natur der Funde nach nicht allein durch eine starke Einfuhr etwa in Phönikien oder Ägypten hergestellter Ware erklären lassen, sondern auf einen allgemeinen beherrschenden Einfluß des Ostens hindeuten, haben manche Gelehrte zu der Annahme geführt, die Funde möchten überhaupt aus einer vorgriechischen Zeit stammen, wo Hellas noch von Karern und andern an der Küste Kleinasiens heimischen Völkern besetzt war. Schliemann seinerseits verwies für die Tatsache der Abhängigkeit vom Orient auf die Sagen, nach welchen die ältesten griechischen Könige Kadmos Danaos und Pelops aus Phönikien, Ägypten und Phrygien eingewandert sein sollten.

So sind Schliemanns Funde in Mykenä, Tiryns und Orchomenos der Anlaß zu einer neuen orientalischen Frage geworden, welche von grundlegender Bedeutung für die älteste griechische Geschichte ist, und nicht allein für diese, sondern für die Geschichte der Mittelmeerstaaten überhaupt. Die Fülle von Belehrung, die jede neue Grabung nach Denkmälern dieser Zeit liefert, gibt uns das Bewußtsein, daß, wofern wir uns nur weiter am rechten Orte bemühen, die vorliegenden Probleme zu einer Lösung gebracht werden können, so daß es künftighin möglich sein wird, das Werden des griechischen Genius weit über Homer hinaus vielleicht bis zu jenen fernen Tagen zurückzuverfolgen, wo zum ersten Male griechische Stämme griechischen Boden betreten haben. Die starke Abhängigkeit der Bewohner Griechenlands von dem Orient in der »mykenischen« Epoche läßt es heute uns und ließ es Schliemann alsbald nach den Tirynter Ausgrabungen für angezeigt erscheinen, zunächst an mehr nach Osten zu gelegenen Punkten die Hacke einzusetzen.

7. Letzte Lebensjahre

(1885-1890)

Schliemanns Haus – Ägyptisches Reisen – Weitere Ausgrabungspläne – Wiederaufnahme der trojanischen Ausgrabungen – Ergebnisse der letzten Ausgrabung – Die Ansiedlung mykenischer Zeit in Troja – Schliemanns Krankheit – Tod und Leichenfeier

Wenn der ehemalige mecklenburgische Kaufmannslehrling nun von einer Ausgrabung heimkehrte, wohnte er im schönsten Hause Athens. In der Jugend arm, von schwachem Körper, in seinem Blick auf die nächste Heimat beschränkt, in seinen Interessen notwendig bedacht auf das liebe tägliche Brot, lebte er jetzt im Besitze dessen, was er sich erworben, im Besitze seiner großen materiellen Güter, im Genusse einer nie versagenden gestählten Körperkraft, im Unterhalt der persönlichen Verbindungen, deren er in allen Ländern besaß, in der Pflege der Forschungen, welche er dem homerischen Altertume widmete. Er war eine originale Erscheinung, und den Zauber, den eine in sich geschlossene Persönlichkeit mit weiten Zielen und großen Erfolgen immer ausüben wird, hat er in vollem Maße ausgeübt. Seine merkwürdige Laufbahn, der Glanz seiner Entdeckungen prägte sich der gebildeten Welt ein, zog sie an. Wer nach Athen als Reisender kam, mochten es Engländer, Amerikaner, Deutsche oder Angehörige anderer Nationen sein, sie gingen nach dem Besuche der Akropolis und der Museen auch zu Schliemann. ’Ιλίου Μέλαθρον polytonisch soll heißen »die Hütte von Ilion«, hatte er das Haus getauft, das er seiner Frau Sophie und sich gebaut, in Erinnerung an die Tage, wo sie mitsammen in dürftiger Holzhütte auf der Burg von Ilion gehaust hatten. Bellerophon und Telamon wurden die Diener gerufen, welche den Fremden am Eisengitter der mit Eulen und troischen Hakenkreuzen verzierten Tür empfingen. Im Mosaik des Treppenflurs war Geschmeide von Mykenä nachgebildet. Von den Wänden des säulengetragenen Treppenhauses strahlten in großen goldenen Lettern homerische Verse entgegen. Die Zimmer des Hausherrn, Arbeitszimmer und Bibliothekssaal lagen im obersten Stockwerk; von den vorgelegten Loggien aus fiel der Blick auf die Akropolis von Athen, welche die dahinter untergehende Sonne purpurn und goldig umsäumte. Dort fand man den Herrn in lebhafter Geschäftigkeit, sei es in dem zu neuen Ausgrabungen vorbereitenden Briefwechsel begriffen, sei es in der Verwaltung seines Vermögens tätig, sei es einen altgriechischen Schriftsteller oder einen neuen, der sich in altgriechisches Gewand bequemt hatte, lesend. Den Gelehrten, der hier eintrat, redete er in der ihm liebsten Sprache an, einem Griechisch, das er sich aus homerischen und andern altgriechischen Bestandteilen zurechtgemacht; es ist für die ruhelose Selbständigkeit des Mannes bezeichnend, daß, nachdem er nun Griechenland zu seinem ständigen Aufenthalte erwählt, er nicht so sehr die heutige griechische Sprache annahm, sondern vielmehr ein besonderes Idiom pflegte, welches sich ihm aus seinem eigentümlichen zähen Studium der homerischen Welt gebildet hatte. Wer sich auf diese Konversation nicht einlassen konnte, für den verfügte Schliemann je über die Sprache seines Vaterlandes. Gastfreiheit, das war die alte griechische Tugend, welche Schliemann aus seinem Homer neu geschöpft hatte, und Frau Sophie, die Griechin, stand ihm darin zur Seite. Ihre Erinnerungen, ihre Ideale waren eins; wenn er aus dem reichen Schatze seines Gedächtnisses die Verse Homers mit verzücktem Pathos rezitierte, so wußte sie fortzusetzen, wo er aufhörte.

Das Verweilen in dem trauten Kreise der Seinigen zu Athen, der aus seiner Frau und seinen beiden Kindern Andromache und Agamemnon bestand, war aber für den rastlos Planenden nur je eine vielleicht in den letzten Jahren etwas weiter ausgedehnte Pause, in welcher er begonnene Arbeiten abschloß und neue vorbereitete. Der Sommer führte ihn meist zu seinen Freunden nach »Europa«, wie man von Athen aus sagt, und zu seinen Häusern, deren er zu Paris und Berlin besaß. Die Verwaltung seiner Besitzungen in Kuba machte für ihn noch im Jahre 1886 eine Fahrt über den Atlantischen Ozean nötig. Im selben Jahre reiste er auf wenige

Tage nach London. Ein britischer Reporter hatte sich berufen gefühlt, gegen die Auffassung des Palastes von Tiryns Einspruch zu erheben, indem er der Ansicht war, daß eine Kirche, welche in die Trümmer der Burg in byzantinischer Zeit hineingebaut worden ist, gleichzeitig mit dem Palaste entstanden wäre, und er hatte es vermocht, den Altmeister der Architekturforschung in England, Penrose, auf seine Seite zu bringen. In Gemeinschaft mit Dörpfeld verteidigte Schliemann vor einer dazu berufenen Versammlung seine Aufstellungen; es fiel ihnen nicht schwer, durch die Klarheit der Tatsachen den Fachmann von der Wahrheit zu überzeugen. Schliemann selbst ward die Ehre zuteil, daß das Royal Institute of British Architects ihm die große goldene Medaille verlieh.

Im Winter 1886/87 ist er auf einer Nilfahrt begriffen. Es mochte nach längerer angestrengter Arbeit – damals hatte ihn die französische Ausgabe eines die Bücher »Ilios« und »Troja« zusammenfassenden Werkes beschäftigt – über ihn ein Bedürfnis nach Ruhe gekommen sein, welcher er in Einsamkeit zu pflegen gedachte. Es entsprach aber vor allem in Ägypten das hohe Altertum der Geschichte und ihrer Denkmäler so recht seiner phantastischen Begeisterung für älteste Sage und Geschichte. Wie Virchow es sagt, »die Erwägung, daß zu der Zeit, wo die homerischen Gedichte entstanden, ja vielleicht schon zur Zeit als Troja blühte, die ägyptische Kultur bereits Jahrtausende alt war, und daß Zeugen dieser Kultur noch heute erhalten sind – diese Erwägung drängte sich mächtig in alle seine Betrachtungen ein«. Er schwelgte schon in seinem Gemüte, wenn er die hohen Jahreszahlen der ägyptischen Dynastien, die er sich fest eingeprägt hatte, aufsagen konnte. Auf seiner ersten Reise dorthin, im Jahre 1858, hatte er seine Unkenntnis der Landessprache bald beklagt, da er bei dem Vertrage mit dem Schiffskapitän arg geprellt worden war. Darum hatte er sich wahrend der Fahrt auf die Erlernung des Arabischen geworfen, arabische Schriften auswendig gelernt und es so weit gebracht, daß er in kurzem nicht nur keines Dolmetschers mehr bedurfte, sondern auch arabisch schreiben lernte und die Fortsetzung seiner Reise durch Syrien bereits in einem arabischen Tagebuch schilderte. Diesmal erzählt er sein Leben und Treiben in einem ausführlichen griechischen Tagebuch. Den Diener, welchen er als einzigen Begleiter von Athen mitgenommen, um ihn in der milden Luft von seinem Brustleiden zu kurieren, muß er gleich bei Beginn der Reise in einem kleinen Orte zurücklassen. So fährt er die drei Monate ganz allein auf einem Segelschiffe, das er für sich gemietet, den Nil hinauf bis nach Luxor und kehrt dort um; die arabische Mannschaft der Barke ist seine einzige Gesellschaft. »Trotz aller Mißhelligkeiten, wenn Windstille oder Gegenwind das Fortkommen hindert, ist mein einziger Kummer«, schreibt er, »die Eile der Zeit. Wahrlich niemals ist mir die Zeit so schnell vergangen, als jetzt, wo ich allein bin. Das macht, wie mir scheint, die Mannigfaltigkeit meiner Beschäftigungen. Um 7 Uhr stehe ich auf und wandle eine halbe Stunde auf dem Verdeck auf und ab, trinke Tee, esse drei Eier und gehe noch eine Stunde umher, indem ich rauche. Sogleich danach nehme ich eine Stunde ein arabisches Buch vor und zwei Stunden den Euripides. Darauf frühstücke ich, gehe wieder eine Stunde und lese weiter wissenschaftliche Bücher bis ½ 5 Uhr. Später gehe ich bis 6, diniere und wandle noch 1 ½ Stunden, den erquickenden Luftzug der Wüste genießend. Bevor ich mich niederlege, schreibe ich mein Tagebuch.« Mit Lebhaftigkeit und Anschaulichkeit schildert er darin die Bebauung des Landes und die Sitten seiner Bewohner, mit großer Gewissenhaftigkeit führt er die Denkmäler auf, deren er ansichtig geworden ist. Daneben tritt in seinen Notizen eine Seite hervor, welche auch sonst bei Schliemann eine Rolle gespielt hat, seine Träume; vor allem so oft ihm seine Angehörigen im Traume erscheinen, zeichnet er das ausführlich auf. Die Reise in das Land der Pyramiden sagte ihm so zu, daß er sie im darauffolgenden Winter wiederholte, diesmal nicht allein, sondern von seinem Freunde Virchow begleitet. Dessen Erinnerungen verdanken wir eine Schilderung, aus der hervorgeht, welchen Eindruck die Persönlichkeit Schliemanns bei den Arabern der Wüstendörfer hervorrief, wie sie den weißen Wundermann anstaunten, der nicht allein wie ihre Priester und Richter ihre Sprache lesen, sondern auch schreiben konnte und des Nachts inmitten ihres Kreises unter den Palmen vor der Hütte ihres Häuptlings die Suren des Koran in seiner ekstatischen Weise deklamierte, so daß die Gläubigen zum Schlusse im Gebet ihr Haupt neigten und mit der Stirn die Erde berührten.

Von solcher Reise heimkehrend, fühlte Schliemann die Kraft

zu neuen Unternehmungen in sich. Es hatten ihn in Nubien die Wandgemälde der Tempel gefesselt, in welchen der große Ramses und sein Geschlecht die Kriege gegen die Völker des Nordens, gegen die Cheta, die Hittiter, und die Belagerung ihrer Stadt Kadesch am Orontes hatten darstellen lassen. Schon seit langer Zeit war er durch Sayce auf die Zusammenhänge aufmerksam gemacht, welche die Kultur von Troja mit jenen Völkern haben müsse. Aber der Plan, Kadesch auszugraben, wurde durch den Ausbruch der Pest in Mesopotamien vereitelt. Nicht besser ging es ihm mit einem zweiten Vorhaben, welches ihn in den letzten Jahren vielfach beschäftigt hat, einer Grabung in Knossos auf Kreta. Dort hoffte er den Pfeiler zu der Brücke zu finden, welche einst das Eindringen der »mykenischen« Kultur vom Orient nach Griechenland vermittelt hat. Er reiste mit Dörpfeld nach Kreta, sah dort die Trümmer eines großen Palastes in der Weise desjenigen zu Tiryns fast zutage liegen und gewann die Aussicht, das Schloß des ersten Seeherrschers der Griechen, des Königs Minos, wieder aufzudecken. Aber die Verhandlungen über den Erwerb des Grundstückes und über die Eigentümerrechte an den zu erwartenden Funden zogen sich in die Länge, bis schließlich der Ausbruch der Unruhen in Kreta jede Unternehmung unmöglich machte. Da war es ein Glück, darf man sagen, daß unter allen Gegnern Schliemanns einer der am wenigsten berechtigten den Anstoß gab, daß er noch einmal zu seinem geliebten Troja zurückkehrte.

Ohne jemals die Ruinenstätte von Hissarlik erblickt zu haben, hatte seit einer Reihe von Jahren Hauptmann a. D. Boetticher in einer Anzahl von Artikeln die Ansicht aufgestellt und mit Hilfe einzelner ungenauer Angaben aus Schliemanns ersten Büchern scheinbar begründet, daß die Burg von Troja nichts anderes sei als eine große Feuernekropole. Er hatte Schliemann sowohl wie Dörpfeld beschuldigt, falsche Aufnahmen und falsche Darstellungen von dem Sachverhalt gegeben, ja sogar mit Absicht zerstört zu haben, was ihrer Auffassung von dem Bestehen eines alten Palastes widersprechen konnte. Boetticher legte dem Anthropologenkongreß, der sich im Sommer 1889 in Paris versammelte, ein Buch über dieses Thema vor und, wunderbar genug, fand das Werk in einem hervorragenden französischen Altertumsforscher einen Verteidiger. Schliemann selbst war auf dem Kongreß zugegen. Da er sah, wie verwirrend das Boettichersche Buch wirkte, so entschloß er sich kurz, er lud seinen Gegner zu sich nach Troja zu einer Besprechung vor den Ruinen und faßte gleichzeitig den Plan, die Arbeit dort in großem Maßstab wieder aufzunehmen. »Hoch lebe Pallas Alhena!« so leitete er den Brief ein, in welchem er Dörpfeld noch von Paris aus seinen Entschluß mitteilte. Die Konferenz fand in den ersten Tagen des Dezember in Hissarlik statt, und wenn auch der Gegner sich auf die Dauer nicht überzeugen ließ, so hatte Schliemann doch die Genugtuung und Beruhigung, daß die als Zeugen erschienenen Sachverständigen, Professor Niemann aus Wien und der kgl. preußische Major Steffen, seine und Dörpfelds Ansichten bestätigten.

Am 1. März des folgenden Jahres wurden dann, nachdem durch den Botschafter Herrn von Radowitz die Erlaubnis von der türkischen Regierung ausgewirkt worden war, die Grabungen in Troja zum letzten Male von Schliemann wiedereröffnet. Er kehrte immer gern zu dem freien Plateau über der Skamanderebene zurück; hier wurzelte sein Enthusiasmus, er war hier heimisch geworden, kannte Land und Leute, und die Leute kannten ihn. Neben der Hoffnung auf neue Ergebnisse lag ihm jetzt auch sehr daran, daß die Errungenschaft seiner langjährigen Arbeit, die Erkenntnis von dem Bestehen einer Burg an dem von Homer gefeierten Platze, nicht durch ein Wiederaufkommen der Boetticherschen Hypothese in Frage gezogen würde, und es war ihm daher Bedürfnis, möglichst vielen und kompetenten Gelehrten das Ausgrabungsfeld zu zeigen. Überhaupt trat das Streben, jedermann eine klarere Vorstellung zu vermitteln von dem, was seine Arbeiten für das Studium der ältesten Geschichte der Griechen beigetragen hatten, bei ihm in den letzten Jahren stark hervor; deshalb auch hatte er auf eine Anregung der Verlagsbuchhandlung F. A. Brockhaus in Leipzig seine gesamten Ausgrabungen und ihre Ergebnisse durch Dr. Carl Schuchhardt in einem vortrefflichen Buch übersichtlich zusammenfassen lassen. In ähnlicher Absicht wurde jetzt dicht bei dem Ausgrabungsgebiet ein Barackenlager errichtet – Schliemanopolis hat man es scherzhaft genannt –, in welchem vierzehn Freunde Unterkunft fanden. Schon im ersten Monat füllten sich die Räume. Denn da Boetticher in den Zeitungen seine Angriffe fortgesetzt hatte, so hatte Schliemann sich veranlaßt gesehen, für Ende März Einladungen zu einer zweiten größeren internationalen Konferenz ergehen zu lassen. Auch diese konnte nur rückhaltslos Schliemanns und Dörpfelds Auffassungen billigen. Dazu hatte sich auch Virchow mit eingefunden. Nach Schluß der Konferenz machten die beiden Freunde noch einmal den beschwerlichen Ritt zum Ida: und auf dieser Reise wurde zum ersten Male Schliemanns verhängnisvolles Ohrenleiden in bedenklicher Weise bemerkbar. Virchow erkannte, daß Knochenauftreibungen in beiden Ohren eine schwere Operation nötig machen würden, riet aber, vorläufig die Operation zu vertagen. In der Folgezeit klagte Schliemann wohl manchmal über Schwerhörigkeit, indessen konnte man der Lebhaftigkeit des Achtundsechzigjährigen nur wenig sein Leiden anmerken, so sehr war er mit seinen Ausgrabungen und seinen Gästen beschäftigt, deren jede Woche fast neue gebracht hat. Noch in den letzten Wochen war es ihm eine besondere Freude, seiner Frau und seinen Kindern in der erweiterten Ansiedlung auf Hissarlik ein gefälliges Heim zu bereiten.

Es waren in der Hauptsache zwei Aufgaben, welche Schliemann und Dörpfeld sich für die Richtung ihrer Arbeiten gestellt hatten und an deren Lösung sie im Gegensatz zu früher ungestört gehen konnten, da diesmal niemand die Anfertigung der Pläne hinderte: eine gründliche Säuberung der sogenannten zweiten Stadt und ferner eine Grabung außerhalb derselben, um die spätere Geschichte des Ortes und den Anschluß einer Unterstadt eventuell festzustellen.

Bei den Arbeiten im Bereiche der zweitältesten »Stadt« oder richtiger Burg, zeigte sich, daß innerhalb dieser einen von acht oder neun Ansiedlungsschichten im Hügel von Hissarlik allein drei Perioden von Erweiterungsbauten zu unterscheiden sind. Die älteste, am weitesten nach innen liegende und also den kleinsten Kreis umschließende Ringmauer wurde erst jetzt heraussondiert. Zweimal haben die Herren der Burg dann den Kreis weiter ausgedehnt, indem sie je durch eine vorgelegte Mauer die ältere verdecken und dadurch den Innenraum der Burg vergrößern ließen. Im Zusammenhang mit dem Mauerbau und mit der je veränderten Anlage der Tore wußte auch regelmäßig ein Neubau des Herrscherpalastes geschehen. Über die alten Fundamentmauern legte man Bauten in abweichender Richtung an, so daß sich der aufgenommene Grundriß ihrer Reste wie das Bild mehrerer übereinanderliegender Netze ausnimmt. Einstweilen hebt sich nur das oberste Netz mit ziemlicher Klarheit ab. Wer die Räume des großen Burgtores passiert hatte, mußte im Innern, ähnlich wie in Tiryns, noch ein kleines Torgebäude durchschreiten, ehe er zu dem Vorhof gelangte, in welchem die großen Megara der Herrscherfamilie eins neben dem andern angelegt waren. Aus der Tatsache der steten Wiederholung und Erweiterung so ausgedehnter Anlagen erhalten wir eine Ahnung von den Wechselfällen, von der reichen Geschichte überhaupt, welche ihrer Zeit diese Burg an der Dardanellenstraße durchgemacht hat. Sie lag so tief im Schutt vergraben, daß wir bisher nicht einmal in ein bestimmtes Jahrtausend ihre Glanzperiode verweisen können. Wir kennen den Namen der Völkerschaft, die damals hier gewohnt hat, nicht. Schliemann selbst hat sich darin mehr und mehr resigniert; es war nur natürlich und wissenschaftlich richtig, daß in seinen Büchern die Beziehungen der Funde dieser Ansiedlungen auf Homer etwas seltener wurden, je mehr sich das Bild dieser Burg erweiterte. Um des Mangels an historischer Verknüpfung willen mag man eine gewisse Öde beim Anblick dieser Trümmer empfinden, aber sie wird ausgeglichen durch die gebotene Möglichkeit, hier älteste Ansiedlungsformen eines Mittelmeervolkes in einer Ausdehnung wie sonst nirgends zu erkennen.

Und doch, so ganz zeitlos und aller Anknüpfung spottend sollten die trojanischen Altertümer nicht mehr bleiben. Es war der große Gewinn von Schliemanns letzter Unternehmung, daß sich das Verhältnis der beiden prähistorischen Kulturen, der älteren trojanischen und der mykenischen, deren Erschließung auf klassischem Boden der Zähigkeit Schliemanns zu danken ist, bis zu gewissem Grade klärte. Schliemann ließ an einer Stelle vor den Ringmauern der zweitältesten Burg graben. Sicher hatten diese Mauern einstmals mit freier Stirn über die Täler des Skamander und Simois hinweggeschaut. Was sich also davor an Ansiedlungsschutt schließlich bis zu einer Höhe von 16 Meter aufgetürmt vorfand, mußte jünger sein als die sogenannte zweite Stadt. Aus der Ansicht auf S. 62 läßt sich eine Vorstellung gewinnen von den hier vorliegenden Verhältnissen; links ist dort die Burgmauer sichtbar und rechts davor steigen die Schuttmauern an, welche nach dem Untergang der Burg entstanden sind. Die Römerzeit hat den Schlußstein dieses ganzen Schuttbaues geliefert, ihre wohlerkennbaren Mauern sind die am höchsten zutage liegenden. Von ihnen aus bis hinab zu der Sohle der Burgmauer lassen sich querdurch sechs Ansiedlungsschichten verfolgen. Die Bewohner derjenigen drei Schichten, welche unmittelbar auf den Niedergang der zweiten Stadt folgen, haben nach Ausweis der Funde ein ebenso urtümliches rohes Hausgerät besessen, wie die Bewohner jener älteren Burg selbst (vgl. S. 55). Das ändert sich erst, als zum vierten Male nach der Zerstörung der Burg der Platz besiedelt worden ist, als der Schutt die Höhe von 8 Meter erreicht hatte und in ihm der steinerne Unterbau der alten Burgmauer vergraben lag. Das Geschirr, welches in dieser Höhe zwischen den Häusertrümmern hervorgezogen wurde, hatte zumeist ein feineres Aussehen. Der Grund dieses Fortschritts ist aus der Masse der Funde selbst zu erschließen. Zweierlei Tonware findet sich darunter. Einerseits Vasen aus lichtem Ton und mit reich aufgemalten Mustern, ganz wie diejenigen, welche Schliemann zuerst in Mykenä in erstaunlicher Anzahl und in überraschender Mannigfaltigkeit ausgegraben hatte und die dann vielerorts im Mittelmeergebiet aufgetaucht waren. Sie kennzeichnen sich meist als eingeführte Ware, so auch in Troja: denn ihr meisterhaft fein geschlämmter Ton und die Zierlichkeit ihrer Form sticht scharf von der zweiten Gattung, der weit überwiegenden Masse, ab, die, obwohl weiter entwickelt, dennoch die offenbarsten Beziehungen zu der in der trojanischen Landschaft heimischen, aus den tieferen Schichten bekannten Ware besitzt. Man darf annehmen, daß die Einfuhr der mykenischen Ware beim troischen Töpferhandwerk Epoche gemacht hat. Allem Anschein nach hatten die ältesten Bewohner von Troja die Näpfe und Töpfe, deren sie im Hause bedurften, auch in der Hausarbeit durch ihre Frauen und Sklaven herstellen lassen; und wenn wir wohl annehmen dürfen, daß in der Zeit derjenigen Ansiedlung, in welcher die mykenischen Vasen sporadisch auftreten, bereits ein eigenes

Töpferhandwerk sich entwickelt hatte, so war die Gilde der Töpfer, von geringer Anwendung der Töpferscheibe abgesehen, doch nicht über die einfachsten Techniken, wie sie eben auch im einzelnen Hause geübt werden konnten und geübt wurden, hinausgekommen. Und nun kamen die Händler auf ihren Schiffen von jenseits des Meeres, kramten an den Küsten des Hellespont ihre staunenswerte Ware aus und erzählten von den großen Fabriken, in welchen diese Becher und Kannen und Krüge für die ganze Welt des Mittelmeeres in einer technischen Vollendung und in einer Sicherheit des Stils angefertigt wurden, die auch uns Modernen trotz aller Vervollkommnung der technischen Hilfsmittel stellenweise die höchste Achtung abnötigt. Die Konkurrenz hatte einen Wettbewerb im Lande zur Folge. Man verarbeitete den Ton reiner und fester, hielt auf eine reinere Farbe, gab den Gefäßen eine sauberere, gefälligere Form, vervollkommnete auch zweifellos das Brennverfahren, hielt auf einen reicheren, das Gefäß umspinnenden Linienschmuck und wußte dem Ganzen einen gleichmäßigen firnisartigen Glanz zu verleihen. Zwar hat man gleichwohl nicht die Zierlichkeit und Farbenpracht der mykenischen Ware erreicht; von der Lust zu ornamentieren abgesehen, die nun einmal von altersher in dieser Landschaft bescheiden war und so auch geblieben ist, mochten die troischen Töpfer des feinen Tons und anderer Hilfsmittel entbehren, welche der Boden, aus welchem jene Gefäße stammten, hergab. Aber doch legten sie damals den Grund zu einer Tonindustrie, welche dann nach Ausweis von Funden in den höheren Schichten über ein halbes Jahrtausend bestanden hat und noch die Griechen des 7. und 6. Jahrhunderts, welche die Troas besetzt hatten, sozusagen beherrschte.

Die Topfscherben sind das Füllhorn archäologischer Weisheit, pflegte Schliemann zu sagen. Doch nicht sie allein zeugen von dem Aufschwung, welchen die troische Landschaft in mykenischer Zeit genommen hat. Die Ansiedlung dieser Epoche hat sich bisher nur über einen kleinen Raum von wenigen hundert Quadratmeter verfolgen lassen, aber dabei sind doch schon die ansehnlichsten Gebäudereste aufgedeckt worden, welche man überhaupt bisher im Schuttberg von Hissarlik, abgesehen von den spätgriechischen und römischen Bauten, beobachtet hat.

Dörpfeld erkannte den Grundriß eines Megaron, dessen Grundmauern eine Dicke von 1,60 Meter haben, und unmittelbar daran stößt ein zweites Gebäude, dessen Fundament eine Breite von über zwei Meter besitzt. Eine Ansiedlung mit so mächtigen Gebäuden ist schwerlich dorfähnlich zu nennen. In diesem Zusammenhange verdient auch die Beobachtung Schliemanns erwähnt zu werden, daß an den stolzesten Denkmalen der troischen Ebene, an den großen Grabhügeln, sich vielfach die monochrome Topfware wiederfindet, welche in Hissarlik gleichzeitig mit der »mykenischen« auftritt. Sollten also auch die Heroengräber Reste dieser zweiten glanzvollen Zeit der Herren von Troja sein?

Schliemann begrüßte die erste mykenische Bügelkanne, welche auf dem bezeichneten Platze zum Vorschein kam, als die Leitmuschel in der Chronologie der trojanischen Altertümer. Und das mit Recht. Freilich besteht für die Zeit ihres Imports noch ein weiterer Spielraum: sie wäre nach den letzten in Ägypten gemachten Entdeckungen zwischen 1500 und 1000 vor Christi Geburt anzusetzen. Was man früher wohl immer schon aus der größeren Einfachheit und Urtümlichkeit der Funde geschlossen hatte, daß die »zweite Stadt« eine bedeutend ältere Kultur habe als Mykenä und Tiryns, läßt sich jetzt aus den trojanischen Schichten selbst ersehen. Drei Ansiedlungsperioden liegen noch zwischen der zweitältesten und der mykenisch-trojanischen Burg. Einen wie langen Zeitraum das bedeutet, läßt sich nicht einmal vermuten, ehe nicht weitere Anhaltspunkte sich bieten.

Beide, die zweitälteste Burg und die mykenisch-trojanische Burg, zu welcher eine der in der Peripherie des Hügels bisher nur durchschnittenen und nicht weiter verfolgten Ringmauern gehören wird, sind älter als die Zeit der Entwicklung des griechischen Epos, als Homer. Es entsteht daher aufs neue die Frage: welches ist die von den Achäern zerstörte Stadt des Priamos gewesen, die uralte oder diejenige, in welcher sich die Spuren derselben Kultur finden, deren größte Entfaltung wir aus dem Sitz des Atridengeschlechts, aus Mykenä, kennen? Die Lösung dieser Frage verschob Schliemann auf das kommende Jahr, aber der Tod hat dem Streben des unermüdlichen Forschers ein Ziel gesetzt.

Am 31. Juli, als Hitze und Fieberdünste den Aufenthalt auf

Hissarlik unerträglich zu machen begonnen hatten, stellte Schliemann die Arbeiten dort ein. Er dachte am 1. März des folgenden Jahres weiterzugraben. Er kehrte nach Athen zurück, verfaßte mit Dörpfeld zusammen einen kurzen vorläufigen Bericht über die Ausgrabungen, ordnete einige häusliche Angelegenheiten und wartete die glückliche Wiederkehr seiner Kinder und seiner Frau, welche ihrerseits eine Kur in Deutschland gebraucht hatte, ab, um kurz darauf am 12. November, Virchows Rat entsprechend, sich dem Professor Schwartze in Halle zu der notwendig gewordenen Ohrenoperation zu stellen. Nach fünftägiger Reise ging er vom Bahnhof zur Konsultation. Schon am andern Tag wurde die Operation, Ausmeißelung der krankhaften Knochenvergrößerungen, an beiden Ohren vollzogen. Im Gefühl seiner Kraft den Gefahren trotzend, verließ er Halle am 12. Dezember. Eilends wie in gesunden Tagen reist er zu seinem Verleger Brockhaus nach Leipzig, dann auf einen Tag zu Virchow nach Berlin, besichtigt mit ihm eine Neuausstellung seiner trojanischen Sammlungen im Völkermuseum, plant mit dem Freunde die Reisen für das nächste Jahr und ist am 15. bereits in Paris. Er muß dort einen Arzt konsultieren, der eine neue Untersuchung vornimmt, aber alle Schmerzen nicht achtend treibt es ihn nach wenigen Tagen von Paris nach Neapel, wo er vorhat, die neuen Erwerbungen der Museen und die letzten Ausgrabungen von Pompeji zu sehen. Bereits hatte er seine baldige Rückkunft den Seinigen nach Athen gemeldet, da erreicht sie am 26. die traurige Botschaft, daß sich eine Entzündung vom Ohr auf das Gehirn geworfen, daß er bewußtlos zu Neapel liegt, daß die Ärzte an seinem Leben verzweifeln. Und wenige Stunden darauf kommt die Nachricht, daß er geendet.

Die Leiche haben sein langjähriger Freund Dörpfeld und der älteste Bruder der Frau nach Athen gebracht. Einer der ersten, welche der Witwe sein Beileid ausdrückte, war der Souverän des Reiches, welchem er seine trojanischen Funde schenkte, Kaiser Wilhelm II. Am Nachmittag des 4. Januar kam in dem Saale seines Hauses, wo er so oft zu heiterer Geselligkeit seine Freunde, jung und alt, vereint hatte, die Trauergesellschaft zusammen, um dem großen Manne die letzte Ehre zu geben. Zu Häupten des Sarges stand die Büste Homers, welcher ihn zu seinen wissenschaftlichen

Taten begeistert hatte; den Sarg hatten diejenigen geschmückt, die ihm für sein Werk dankbar waren: die Kaiserin Friedrich, die griechische Königsfamilie, die Stadt Berlin, die wissenschaftlichen Institute Athens, und mit ihnen viele andere Freunde und Bekannte. König Georg, der Kronprinz Konstantin und die Minister von Griechenland bezeugten durch ihr Erscheinen den Dank, welchen das Volk empfinden muß, dessen Ruhm Schliemanns Tätigkeit gewidmet war, dessen älteste Vergangenheit ihm durch Schliemann in ungeahnter Weise erschlossen worden ist; diesen Gefühlen gaben der Generalephor der Altertümer, Herr Kavvadias, und der Senior der griechischen Altertumsforscher, der Dichter Rizos Rangabé, jeder in seiner Weise, Ausdruck. Der Gesandte der Vereinigten Staaten, Mr. Snowden, rühmte den Bürger seines Landes, der den zähen großen Sinn des amerikanischen Privatmannes so glänzend bewiesen hatte. Der treue, andauernde Genosse bei Schliemanns Arbeiten, Dörpfeld, konnte ihm als Freund und als Vertreter der deutschen Wissenschaft die Abschiedsworte zurufen: Ruhe aus in Frieden, du hast genug getan!

Nun ruht er, der im Leben nicht ruhen mochte, an dem Platze, den er sich bei Lebzeiten ausgesucht, wo nach den Plänen von Professor E. Ziller in altgriechischem Stil ein Mausoleum errichtet werden soll. Ihn grüßen im Tode die Akropolis mit dem Parthenon, die Säulen des Zeus Olympios, der blaue saronische Golf und jenseits des Meeres die duftigen Bergketten der Argolis, hinter welchen Mykenä und Tiryns liegen.

Schliemanns Grabmal in Athen.

Zeitfracht Medien GmbH
Ferdinand-Jühlke-Straße 7
99095 Erfurt, Deutschland
produktsicherheit@kolibri360.de

Druck:
CPI Druckdienstleistungen GmbH
im Auftrag der
Zeitfracht Medien GmbH
Ein Unternehmen der Zeitfracht - Gruppe
Ferdinand-Jühlke-Str. 7
99095 Erfurt